잘됐던
방법부터
버려라

돈, 사랑, 관계가 술술 풀리는 36가지 성공 법칙

잘됐던 방법부터 버려라

시이하라 다카시 지음
김소영 옮김

쌤앤파커스

잘됐던 방법을 버리면 인생이 바뀐다!

인생의 무대가 바뀔 때 잔잔했던 사람들의 마음에는 파도
가 일렁이기 마련이다.

○ 지금까지 신나서 했던 일인데 왜인지 즐겁지가 않다.
○ 밤 새워 놀 만큼 잘 맞았는데 어쩐지 친구가 불편하다.
○ 월급이 약간 적지 않나 싶고 조금 더 벌었으면 좋겠다.

이런 파도는 아마 눈을 질끈 감으면 넘길 수 있는 수준
일 것이다. 넌더리가 나서 다 내던지고 싶을 만큼 내몰리기

는커녕 주변 상황에 감사하는 마음까지 갖춘 상태일지도 모른다. 따라서 무시하려고 마음만 먹으면 얼마든지 넘어갈 수 있을 정도의 의문들이다.

그런데 왠지 모르게 들러붙어 떨어지지 않는 찝찝함. '이제 내가 있을 곳은 여기가 아닌가 봐'라는 감각. 만약 지금 당신의 마음에 잔잔한 파도가 치고 있다면 나는 이렇게 말하고 싶다.

축하합니다.

바로 그 파도가 당신이 있을 인생의 무대가 바뀐다는 뚜렷한 신호기 때문이다. 그 신호를 애써 외면하고 방치해서는 안 된다. 이 상황에서 당신은 그저 딱 한 가지 행동만 취하면 된다.

◦ 지금껏 잘됐던 방법.
◦ 지금껏 성과를 냈던 사고법.

◦ 지금껏 도움이 됐던 능력.

◦ 지금껏 뒷받침해줬던 노하우.

이것들을 시원하게 놓아주는 것이다. 아마 불안할 것이다. 아쉬운 마음이 들 것이다. 왠지 나쁜 짓을 하는 감각에 휩싸일지도 모른다. 그러나 그간 목격한 많은 사람의 인생 역전을 미루어봤을 때, 지금껏 잘됐던 방법일수록 다음 무대에서 발목을 잡을 확률이 크다. 아니, 거의 전부 다 그렇다고 할 수 있다. 내가 만났던 사람들 그 누구에게나 적용되는 공통점이었다.

나는 뼈저리게 느꼈다.

사람은 자신이 어느 무대에 서 있느냐에 따라
'잘되는 방정식'이 달라진다는 사실을 말이다.

그렇다. 이 책은 잘됐던 방법을 놓지 못해 불안해하는 사람들을 위한 글이다. 그간의 인생 공식을 미련 없이 버리는 '꿀팁'을 소개할 것이기 때문이다. 부디 나는 여러분이

6

그 힘으로 자신에게 주어진 운명의 수레바퀴를 부술 수 있기를 바란다.

2.

'정말 이래도 되나' 싶은 생각이 든다면
제대로 버리기 위한 '마음 조건' 만들기

3.

과감하게 놓는 자신에게 'YES'를 외쳐주자
허전한 인생을 반전시키는 '행동 테크닉'

4.

나답게 사는 용기가 인생에 마법을 부른다

온전히 나로 세계를 채우는 '태도 연습'

1.

왜 하필
잘됐던 방법부터
버려야 할까

우리가
'버리지 못하는'
9가지 진짜 이유

인생의 '스테이지'가 바뀌면 '주인공'도 바뀐다

나는 얼마 전 스타벅스에서 따뜻한 카페라테를 사려고 카운터 앞에 줄을 섰다. 내 앞에는 70대쯤 되어 보이는 할아버지가 서 있었다. 자신의 차례가 되자 할아버지는 점원에게 이렇게 말했다.

"라지 커피 하나요."

그러자 점원이 익숙한 손놀림으로 마치 마트료시카를 쌓듯이 컵을 차곡차곡 올리더니 "이게 톨 사이즈고요, 이건 그란데, 이게 벤티 사이즈예요" 하고 설명했다. 할아버지는 살짝 당황한 기색이 보였으나 "이 사이즈로 줘봐요" 하고 그란데 사이즈 컵을 가리켜 무사히 주문할 수 있었다.

할아버지가 지금까지 다녔던 카페에서는 라지 사이즈로 주문해도 아마 통했을 것이다. 그러나 스타벅스에는 라지 사이즈가 존재하지 않는다. 할아버지는 갑자기 들어본 적도 없는 '스타벅스 공격'을 받은 셈이다. 과연 단순 해프닝이었을까?

우리 인생에도 이 같은 일이 종종 일어난다. 여태 가본 적 없는 곳에 처음 가거나, 해본 적 없는 일을 처음 해볼 때다. 지금까지 했던 방식으로는 통하지 않는다. 지금까지 가지고 있던 상식이 통용되지 않는다.

스타벅스에서는 '라지'라는 명칭을 버려야 하듯이, 우리 인생에도 '당연한 것'을 버려야 할 때가 있다. 삶의 무대가 바뀌어 완전히 새로운 일을 시작하는 경우가 그렇다. 이때 야구 경기에서 축구 경기로 바뀔 정도의 완전히 다른 룰이 적용된다.

**지금껏 누군가를 위해 움직이는 데 초점을 맞췄다면,
다음번에는 자신을 위해 움직여야 할지도 모른다.**

**지금껏 타인의 의견을 곧이곧대로 들어주었다면,
다음번에는 자신의 의견을 밀어붙여야 할지도 모른다.**

**지금껏 틈만 나면 성장에 시간을 쏟아부었다면,
다음번에는 헛되이 시간을 보내야 할지도 모른다.**

지금껏 돈보다는 좋아하는 일에 눈이 멀어 있었다면,

16

다음번에는 반대로 돈에 눈이 멀어야 할지도 모른다.

지금껏 호감을 얻기 위해 착한 사람이 되려고 했다면,
다음번에는 나의 안 좋은 면을 드러내야 할지도 모른다.

새로운 장소에서는 그때까지 당신을 성장시켜주고, 지켜주었으며, 구해줬던 가르침이나 사고방식들이 무용지물이 된다. 지금까지와는 다른, 아니 대부분 지금까지와 딴판인 가르침이나 사고방식이 필요해진다. 그것을 받아들이고 움직일 수 있는가? 인생의 무대가 바뀔 때 우리는 이러한 시험대에 놓인다.

사람은 익숙한 법칙에 안전을 느끼고 안심하는 생물이다. 따라서 그것을 놓으려는 순간 반드시 집착과 갈등이 일어난다. 집착하고 갈등하는 것은 당연하다. 나쁘다는 것이 아니라 자연스럽게 생각하고 넘기면 된다. 그렇기 때문에 지금까지의 법칙을 버린다는 의식을 가지고 새로운 법칙을 배워 받아들이는 것이 중요하다.

만약 당신이 지금 무언가를 간절히 바라는데 잘 안 풀린다고 느껴진다면 우선 의심해보기 바란다. 인생의 새로운 무대인 스타벅스에서 아직도 '라지 커피'를 주문하고 있는지 말이다.

그때도 맞고 지금도 맞는 방법이란 없다

중졸 학력에 파친코를 생업으로 삼았던 나는 20대쯤에 그 돈을 자본 삼아 음식점을 열었다. 그 당시 선배 경영자에게 전수받은 경영 노하우를 그대로 실행에 옮겨 매상도 순조로웠다. 혼자 시작했던 가게에 종업원이나 아르바이트생이 하나둘 들어왔고, 같은 목표를 향해 열심히 달리는 즐거움을 배웠다. 머리를 맞댄 아이디어가 잘되면 기뻐하고 실패하면 서로를 놀리며 웃던 날들…. 한 팀이 되어 성공을 향해 나아간다는 느낌이 좋아서 당시 휴일이 있었나 싶을 정도로 일에 몰두했다. 점포를 하나씩 늘려 사업을 확대했고, 가게들도 번창해 알찬 시간을 보냈다.

스물서너 살쯤 되었을 때다. 내 안에 새로운 가치관이 생겨났다. 어느 술자리에서 실없는 이야기를 하던 중에 한 선배가 던진 질문 때문이었다.

"만약 1년 후에 죽는다면 지금 하는 일 계속할 거야?"

그때 나는 즉각 대답했다.

"1년 후에 죽는다면 당장 때려치워야죠! 평생 못 할 것 같은 일에 도전해야 하지 않겠어요?"

나는 그 말을 한 후 깜짝 놀랐다. 지금 내가 하고 있는 일이 정말 하고 싶은 일이 아니라는 사실을 그때 비로소 깨달았기 때문이다. 그와 동시에 당혹스러웠다. 왜냐하면 정말 하고 싶지만 못 할 것 같은 일이 무엇인지도 전혀 알 수 없었기 때문이었다. 경영자로서 돈을 못 버는 것도 아니고 결코 불행하지도 않았다. 그런데도 내가 무엇을 하고 싶은지 모르다니? 나는 이 사실에 적잖이 충격을 받았다.

'어떻게 해야 내가 하고 싶은 일을 알 수 있을까?'
'어떻게 해야 내가 무엇을 바라는지 알 수 있을까?'

난생처음 생각해본 질문이었다. 나는 그때까지 눈코 뜰 새 없이 바빴고, 아무런 대책 없이 일상을 살았던 경영자였다. 사장이 현장에서 일을 제일 많이 했을 때 경영은 잘 풀린다. 인건비를 줄여 누구보다 가장 열심히 일을 해야만 다른 직원들에게 본보기가 된다. 정말 그렇게 생각했다.

하고 싶은 일을 하려면 그때 나에게 없었던 '자유'가 반드시 필요했다. 그런 생각에 이르자 어떤 키워드가 내 눈앞에 나타났다. 그것은 '비즈니스 오너'와 '불로 수입'이라는 두 가지 단어였다. 내가 직접 일을 하지 않고도 돈을 주무른다는 사고방식을 알고 나니 신세계에 들어선 느낌이었다. 나는 관련된 책을 샅샅이 읽고 세미나를 찾아다니느라 점점 주말에 가게를 쉬게 되었다.

그렇게 관심 있는 일을 쫓아다니기 시작하자 내 안에 조금씩 변화가 느껴졌다. 우선 내가 하는 일에 완벽함을 추구하지 않게 되었다. 자연스레 직원들에게도 완벽함을 바라지 않게 되었고, 그들을 감시하는 대신 일을 믿고 맡길 수 있게 되었다.

때마침 프랜차이즈 사업 제안이 들어오면서 돈 들어올 구멍이 늘어나게 되었다. 내가 관여하지 않아도 돈이 들어오는 흐름이 만들어졌을 때 나는 큰맘 먹고 직원에게 위임선언을 했다. 누구보다 사장이 열심히 일해야 한다는 생각이 박혀 있었기 때문에 직원들에게 미안하고 찝찝한 마음이 들었던 것도 사실이다. 하지만 실제로 해보니 내가 상상했던 것보다 훨씬 더 열심히 움직여준 덕분에 현장은 놀랄

만큼 잘 돌아갔다.

　직원들은 사장인 내가 출근해서 질타하고 격려했을 때보다 책임감을 갖고 자유롭게 일할 때 더 좋은 성과를 낸다는 사실을 몸소 체험했다. '내가 아등바등하는 덕분에 전체가 잘 돌아간다.' 나는 음식점을 개업했을 때부터 줄곧 가지고 있던 그 생각을 버렸다.

　그 후로는 시간과 돈에 얽매이지 않는 생활을 할 수 있었다. 되돌아보면 그때부터 내 인생은 '수명이 딱 1년 남았다면 하고 싶은 일'을 향해 움직이기 시작했던 것 같다. 내가 만약 계속 일하는 경영자였다면 상황은 변하지 않은 채 음식점도 난관에 부딪혔을지 모른다. 반대로 내가 가게를 시작한 초반부터 현장에 가지 않고 직원에게 떠넘겼다면 그건 그것대로 잘되지 않았을 것이다.

　처음에 '직접 일하는 단계'가 있었기 때문에 '직원에게 맡기는 단계'로 이동할 수 있었다. 인생을 바꾸고 싶다면 그 무대에 맞춰 낡은 방식이나 생각, 갖고 있는 것을 과감히 버려야 한다. 그런 다음 지금껏 자신이 몰랐던 방식이나 생각, 수법을 받아들여야 한다. 나는 그것이 얼마나 중요한지를 배웠다.

사업을 할 때나 연애를 할 때나 인생에는 그때그때 딱 맞는 방법이 있다. 그렇기 때문에 자신이 서 있는 단계에 맞게 방법을 바꾸어야 한다. 다음 무대로 옮길 때는 그전까지 잘됐던 방식이라도 빠르게 버려야 일이 잘 풀렸던 것 같다. 나는 인생을 탐구하는 다양한 사람들의 모습을 보며 이를 확신했다.

사람은 'OO 말고'를 상상하지 못하는 동물

"나 있잖아, 라면 말고 다른 거 먹고 싶어."

만약 당신의 친구가 이렇게 말한다면 어떻게 할 것인가? 아마 어안이 벙벙할 것이다. 나 역시 어쩔 줄 모를 것 같다. 우리 인간은 '○○ 말고'에 대해 상상하지 못하도록 만들어졌기 때문이다. 실제로 당신 주변에 '라면 말고 다른 거 먹고 싶어'라고 말하는 친구가 없다면 다음 대사는 어떠한가?

"불안하지 않은 날들을 보내고 싶어."
"고통스럽지 않은 상태에 있었으면 좋겠어."
"지금과 다른 환경에서 다시 시작하고 싶어."

이는 '라면 말고 다른 것을 먹고 싶다'는 상황과도 같다. 말한 당사자나 그 말을 들은 상대방이나 그 이미지를 상상하기가 어렵다. 같이 생각해줄 수도 없다. 그 말을 꺼낸 당사자조차 답을 모르기 때문이다.

그럼 어떻게 해야 할까? 답은 간단하다. '목적'을 명확히 하면 된다. 라면 말고 회를 먹고 싶다고 하면 이렇게 제안할 수 있다. "오, 그럼 횟집 갈까?"라고. 카레를 먹고 싶다는 말에는 "스리랑카 카레 가게가 새로 생겼대"라고 대답할 수 있고, 호텔 레스토랑에서 풀코스 식사를 하고 싶다는 말에는 "아르바이트해서 열심히 돈 모으자"라고 대답할 수 있다.

다시 말해 목적이 명확해지면 이미지가 그려진다.
따라서 당신은 원하는 목적부터 명확히 해야 한다.

'○○하지 않은 상태가 되고 싶어'가 아니라 '○○한 상태가 되고 싶어'를 말이다. 이 부분이 명확해지면 '그럼 ○○할까?'라고 구체적으로 생각할 수 있다.

만약 지금 당신이 다음과 같은 상태에 빠졌다면 어떨까. '머리가 안 돌아가', '아무 생각이 안 나', '어떻게 할지 모르겠어' 같은 상황들.

우선 가장 먼저 자신의 발언이나 머릿속을 체크해보자.

"나, 라면 말고 딴 거 먹고 싶어."

이런 상태에 빠져 있지 않은지 확인해보기 바란다.

기뻐서 하고 있는가, 아까워서 하고 있는가

왠지 모를 불편함이 느껴질 때 무엇부터 놓는 것이 좋을지 막막할 것이다. 사실 '놓아야 할 것'을 간단히 구분하는 방법이 있다.

다음 두 가지 질문을 자신에게 던져보자.

○ 기뻐서 하고 있는가?
○ 아까워서 하고 있는가?

여기서는 아까워서 하고 있는 것부터 놓으면 된다. 때로는 당신이 아깝다고 반응하는 것이 지금 당신에게 필요 없는 것이기도 하다. 정말 중요한 것에 대해서는 아깝다는 생각도 들지 않기 때문이다.

예컨대, 지금 사귀는 남자친구와 헤어지지 않는 이유가 좋아해서인가 아까워서인가. '좋아하니까 같이 있지'라는 마음이라면 그것은 아주 긍정적이다. 반대로 '이 사람을 놓치면 아까울 것 같아'라고 생각한다면 그것은 부정적이다. 왜냐하면 남자친구와 헤어지기 아까워서 같이 있다 보면 진정으로 좋아하는 사람과 만날 기회를 잃을 수 있기 때문이다. 게다가 그렇게 좋아하지 않는 사람과 시간을 보내면 어딘지 모르게 정체되는 느낌이 생긴다. 그러나 사람들은 가끔 아깝다는 이유로 손에서 놓지 못한 채 꼭 쥐고 있다. 왜일까?

사람들이 아깝다고 생각하는 이유는 손해를 보고 싶지 않기 때문이다. 사람들은 '이득을 보고 싶다', '성장하고 싶다'는 긍정적인 마음보다도 '손해 보고 싶지 않다', '잃을지도 모른다'는 부정적인 마음을 우선 피하려고 한다.

앞으로 근사한 것을 얻을 수 있을지 모른다는 설렘보다도 지금 갖고 있는 것이 사라질지 모른다는 두려움이 더 크다. 인간은 그런 생물이다. 그래서 우리는 웬만큼 의식하지 않으면 아무래도 늘 쓰던 방법을 선택하고 만다. 지금까지 잘됐던 익숙한 방법, 즉 자신을 그 자리로 데려와준 스킬을 쉽게 놓지 못한다.

명심하길 바란다. 당신 앞에 펼쳐질 미래는 과거의 연장선상에 있는 것도, 현재의 연장선상에 있는 것도 아니다.

어떤 방법이 당신을 그곳으로 데려왔다 하더라도
그것이 당신을 원하는 미래로 데려다주지는 않는다.
오히려 당신이 과거의 자신을 버릴 줄 알 때
스스로를 상상할 수 없는 곳으로 인도해줄 것이다.

인생에서든 사업에서든 장소가 바뀌면 법칙이 바뀐다.
지금 인생이 정체되어 있다거나 어쩐지 불편한 사람들은
자문해보길 바란다.

"지금 서 있는 장소가 정말 내가 있어야 할 곳인가?"

모두의 '천사'가 되려는 마음은
'불행'으로 가는 지름길

나는 경영자이자 컨설턴트로서 수많은 사람을 봐왔다. 중소기업 경영자부터 전문직 종사자들, 컨설턴트, 카운슬러…. 업종도 직종도 다양한 사람들을 보면서 세상에는 잘되는 방법이 참 많다는 사실을 느꼈다.

독창적인 방법으로 잘된 사람이 있는가 하면
남을 따라 해서 잘된 사람도 있다.

좋아하는 일을 하며 잘된 사람이 있는가 하면
잘하는 일을 하며 잘된 사람도 있다.

고학력으로 잘된 사람이 있는가 하면
저학력으로 잘된 사람도 있다.

빈틈없는 전략으로 잘된 사람이 있는가 하면
흘러가는 대로 몸을 맡겨 잘된 사람도 있다.

근면 성실하고 훌륭한 인품으로 잘된 사람이 있는가 하

면 구제 불능이지만 잘된 사람도 있다. 정말 이 세상에는 잘되는 방법이 수없이 많다는 사실을 몸소 느꼈다. 그와 동시에 깨달은 것도 있다. 절대 잘될 리 없는 방법이 이 세상에 딱 하나 존재한다는 사실을 말이다. 반드시 실패하는 그 한 가지 방법이란?

바로 '완벽주의'다.

나는 완벽주의자 중에 잘된 사람을 지금까지 단 한 명도 본 적이 없다. 내 경험상, 완벽주의자는 절대 성공하지 못했다. 당연히 사업에서든 인간관계에서든 그 부분을 지적하며 완벽을 추구하지 말라고 조언한다.

완벽주의자가 반드시 실패하는 이유는 불가능하기 때문이다. 인간은 처음부터 불완전하게 태어난 존재다. 애초에 완벽이라는 불가능의 영역으로 가려고 하기 때문에 한 걸음조차 내딛기가 어려운 것이다. 게다가 잠재적으로는 '이룰 수 없는 목표'를 향해 가기 때문에 자신의 능력도 타인의 능력도 충분히 발휘될 수 없다.

전에 알던 완벽주의자 중에 '만인에게 호감을 줘야 돼'라는 생각에 사로잡혀 있던 사람이 있었다. 모든 사람에게 호감을 주고 싶다는 마음은 어찌 보면 자연스러운 감정이지만, 인간관계나 사회생활에서도 그렇게 하려고 하면 일은 거의 풀리지 않는다. 왜냐하면 모든 사람에게 호감을 주는 서비스란 존재하지 않기 때문이다.

마찬가지로 모든 사람에게 호감을 주는 사람 역시 존재하지 않는다. 지구촌 70억 인구의 입맛을 만족시키는 요리가 존재하지 않는 것과 마찬가지다. 아무리 맛있는 최상급 고기라고 해도 고기를 싫어하는 사람은 만족하지 못한다. 아무리 싱싱한 회라 할지라도 날생선을 싫어하는 사람은 흡족할 수 없다. 호감을 얻으려고 노력하는 것만큼 의미 없는 일은 없다고 해석해도 좋은 것이다.

○ 고깃집은 고기를 좋아하는 사람을 만족시키면 된다.

○ 횟집은 회를 좋아하는 사람을 만족시키면 된다.

○ 당신은 당신을 좋아하는 사람을 만족시키면 된다.

만약 고깃집에 와서 고기를 못 먹겠다고 하는 사람이 있다면 의문이 들 것이다. '대체 왜 왔을까?' 굳이 그런 사람을 만족시키겠다고 고기 혐오자가 좋아하는 고깃집을 추구해봤자 헛수고라는 사실은 누구나 쉽게 상상할 수 있다. 만일 그렇게 하면 이번에는 고기를 좋아하는 사람들이 떠나고 말 것이다. 그러나 고깃집으로 비유했을 때는 웃으며 고개를 끄덕이던 사람들도 자신의 이야기가 되면 잘못 생각하는 사람들이 많다.

모두에게 호감을 얻을 수 없을뿐더러
모두에게 호감을 얻지 않아도 좋다.
모두를 만족시킬 수 없을뿐더러
굳이 모두를 만족시키지 않아도 좋다.

그렇게 생각해보면 일을 할 때 모든 사람이 만족할 만한 서비스를 추구하는 것이 '확실한 실패 방법'이라는 사실을 알 수 있다. 또한 당신이 결혼 상대를 찾을 때조차 모든 이성에게 호감을 얻고자 하는 행동이 '확실한 실패 방법'이라는 사실도 알 수 있을 것이다. 그러므로 굳이 실패할 방법을 선택할 필요는 없다. 완벽할 필요도 없으며 애초에 불가능하다. 자신을 좋아하는 사람들로 주변을 채우면 그만이기 때문이다.

지금 두드리는 그곳은 당신의 문이 아니다?

현재의 상태나 인생을 바꾸고 싶다면 생각만으로 그치지 말고 행동을 바꿀 필요가 있다. 이 사실을 이미 알고 있는데도 아무런 변화가 일어나지 않는다면 한 가지 확인해보자. 정확히 자신이 원하는 곳으로 들어가는 문 앞에서 두드리고 있는가? 자신의 의도와 행동이 어긋나면 진정으로 바라는 변화는 일어나지 않는다.

야구를 예로 들어보자.

- 몸을 만들기 위해 야구를 하는가.
- 팀에서 뛰어난 선수가 되고 싶은가.
- 고교 야구에 출장하고 싶은가.
- 고교 야구에서 우승하고 싶은가.
- 프로야구선수가 되고 싶은가.
- 메이저리거가 되고 싶은가.

자신이 무엇을 목표로 하는지에 따라 연습 방법이나 연습의 질이 완전히 달라진다. 몸을 만들기 위해 야구를 즐기고 싶은 사람과 메이저리거가 되고 싶은 사람의 연습 방법은 당연히 다르다. 제대로 행동하고 있는데도 잘되지 않는 사람은 방향 설정이 어긋나 있을 가능성이 크다. 그리고 그것은 스스로 깨닫기 어렵다. 따라서 지금 자신이 두드리고 있는 문이 정말 자신이 나아가고 싶은 방향으로 가는 문인지는 체크를 해봐야 한다.

예컨대 미래에 대기업을 상대로 컨설팅을 하고 싶다는 목표가 있다면 중소기업을 컨설팅하는 기술을 연마해봤자 대기업 고객은 얻을 수 없다. 지금 당신이 두드리려는 그 문이 정말 자신의 목적과 일맥상통하는가? 그 부분을 본질적으로 봐야 한다.

갈팡질팡하는 마음이 진정으로 원하는 것

여기 살아가면서 우리에게 높은 확률로 작용되는 법칙이 하나 더 있다. 나는 항상 이 법칙을 상담할 때 쓴다. 고민에 빠진 사람, 일이 정체된 사람은 대부분 틀림없이 내면에한 사람이 더 있다.

'같은 목적에 대해 정반대의 행동을 취하려는 나.'

예컨대 좋아하는 일을 하며 살고 싶다는 생각을 하면서도 실제로는 회사 그만두기가 두렵다는 사람이 있다. 대체이런 사람의 내면에서는 어떤 일이 벌어지고 있을까?

머리로는 다른 일을 하고 싶다는 생각을 하면서도 회사를 그만두지 못하는 이유는, 무의식중에 회사를 그만두고싶지 않다고 생각하는 상태에 있기 때문이다. 회사를 그만두지 않으면 삶에서 튀지 않고 여유 있게 생활할 수 있다는 장점이 있다. 나아가 그 위에는 자신의 진정한 소망, 가족을 행복하게 만들고 싶다는 목적이 있기도 하다.

언젠가 이런 여성이 상담을 받으러 온 적이 있었다. 그

여성은 남편이 아닌 다른 기혼 남성과 만나고 있었다. 그 사람 덕분에 인생에 생기가 돌고 동기부여도 되지만 이 상태가 영원히 이어지지는 않으리라는 사실을 알기에 갈등이 된다고 했다.

"지금 어떤 부분이 문제인 것 같나요?"

내가 질문했다. 그러자 그녀는 대답했다.

"이러지도 저러지도 못하고 불륜 상대에게 마음이 가 있어요."

바람은 아니라고 단호히 결론짓고 싶은 마음도 있지만, 남편이야 둘째 치고 아이와 떨어지는 것이 힘들다. 또한 결정을 내리면 상대 남성이 지금 가족과 살지 말지를 고민하게 만들기 때문에 답을 재촉하는 꼴이 된다. 한마디로 현남편과 헤어져 연인을 택할지, 가족과 계속 관계를 이어갈지 갈팡질팡하고 있었다. 그런데 내 눈에는 이 모든 것이 눈속임 문제로 보였다.

○ '가족과 떨어지고 싶은 나.'
○ '가족과 같이 있고 싶은 나.'

이 두 가지 '정반대의 자아'가 갈등을 만들었다. 그래서 나는 그녀가 진정으로 바라는 것, 다시 말해 진짜로 가고 싶은 목적지가 어디 있는지 찾는 작업을 했다.

일단 두 가지 갈등에 각각 이름을 붙여보라고 했다. 대상을 객관화하기 위함이다. 그녀는 '가족과 떨어지고 싶은 나'에게 '불꽃'이라는 이름을, '가족과 같이 있고 싶은 나'에게 '해피'라는 이름을 붙였다. 먼저 해피가 향하는 곳을 보기로 했다. 그녀가 강하게 느끼고 있던 가족관계를 유지했을 때 얻을 수 있는 장점은 무엇이 있을까?

○ 아이의 성장을 곁에서 지켜보며 행복해진다.

단점은?

○ 아이를 과잉보호한 나머지 자주성을 망친다.

특히 단점 쪽을 많이 걱정하는 듯했다. 이어서 불꽃이 향하는 곳을 보기로 했다.

그녀가 가족관계를 잃었을 때 얻을 수 있는 장점은?

◦ 불륜 상대와 결혼하거나 더 멋진 사람을 만날 수 있다.

단점은?

◦ 사회에서 부정적인 평가를 받아 일하지 못하게 된다.

특히 단점 쪽을 많이 걱정하는 듯했다. 이번에는 해피와 불꽃이 도달할 곳을 살펴봤다.

해피의 목적은 '가족과 함께 있으면서 주변의 응원을 듬뿍 받고 사회적으로 안정되어 좋아하는 일을 자유롭게 할 수 있는 인생'이었다. 한편 불꽃의 목적은 '가족과 홀로 떨어져 살면서 궁지에 몰려 처음부터 정말 하고 싶었던 일을 할 수밖에 없는 인생'이었다.

그렇다. 다시 말해 해피와 불꽃이 보고 있는 공통의 목적은 '스스로 하고 싶은 일을 하는 인생'으로 이어졌다. 해피와 불꽃 모두 내담자 여성의 바람을 이루기 위해 있는 힘껏 노력했던 것이다. 그러나 그곳으로 가는 길이 정반대였을 뿐이었다. 그렇게 생각해보니 자신의 내면에서 일어나는 두 갈등이 사랑스럽게 느껴지지 않는가?

나중에 들었는데 이 여성은 어릴 적부터 어머니에게 강한 억압을 받으며 바라는 일을 하지 못한 채 살아왔다고 했다. 그래서 눈앞에 있는 가족이 만족스러운가 고민하면서 '진정 하고 싶은 일을 할 수 있는 인생'으로 자신을 끌고 가려 했던 것이다. 아이의 자주성을 빼앗는 것에 대한 강한 공포심도 원래는 그녀가 느끼고 있던 '자주성을 가진 인생'에 대한 동경심과 갈망이었다.

"저는 제가 정말 하고 싶은 일을 스스로에게 시키고 싶었던 거군요."

이 사실을 깨달은 순간, 그녀의 얼굴이 환해졌다.

결국 눈앞에 놓인 문제는 눈속임이다.

그 속에는 자신이 진정으로 갈망하는 것이 숨겨져 있고,

그것이 무엇인지 알게 되면 대부분의 문제가 중요치 않게 된다. 아니, 진정한 바람을 이루기 위해 움직이기 시작하면 자연스레 눈앞의 문제가 해소되는 경우가 더 많다. 그리고 다른 루트로 같은 목적을 달성하기 위해 줄다리기하던 상태에서 벗어나 엄청난 힘을 낼 수 있게 된다.

'엑셀'과 '브레이크'를
똑같이 밟는 사람들의 심리

혼자서 이렇게 꼼꼼히 파헤치기란 꽤 어렵지만 스스로 깨달음을 얻을 수도 있다. 자신이 하려는 일을 얼핏 봤을 때 긍정적으로 보이는 행동과 부정적으로 보이는 행동의 장점을 하나씩 따져보는 것이다.

지금 당신이 하는 고민이 '사회에 나가 일을 하기 두렵다'라면, '사회에 진출한 나'와 '사회에 진출하지 않은 나'의 장점을 각각 써보기 바란다. 반드시 같은 목적으로 향할 것이다.

한번은 상담을 하러 온 분이 사회에 나가 일을 하고 싶은데 왠지 못 하겠다는 고민을 털어놨다. 그때 썼던 장점이 다음과 같다.

우리가 '버리지 못하는' 9가지 진짜 이유

사회에 진출할 때의 장점

◦ 하고 싶은 일을 하여 꿈을 이룰 수 있다.
◦ 전하고 싶은 생각을 널리 알릴 수 있다.
◦ 더 많은 사람과 웃음꽃을 피울 수 있다.
◦ 스스로 빛이 나며 웃음이 가시질 않는다.

사회에 진출하지 않을 때의 장점

◦ 가족과 보내는 시간을 소중히 쓸 수 있다.

◦ 눈에 띄지 않는 곳에서 비판당할 일이 없다.

◦ 육아에 마음껏 힘을 쏟을 수 있다.

◦ 아이도 남편도 모두 행복해질 수 있다.

이 두 가지 장점의 공통점은 '자신과 모두의 얼굴에 웃음꽃이 피는 것'이었다.

이분은 자신의 진정한 목적이 '모두의 얼굴에 웃음꽃이 피는 것'에 있다는 사실을 알고 크게 고개를 끄덕였다.

그때까지 사회에 진출해야 할지 말지를 갈등하던 그녀는 공통 목적을 위해 가장 중요한 일은 무엇일까 생각하기 시작했다. 그러고는 자신의 페이스로 '일과 가정 잘 해내기'라는 길을 찾아냈다.

무리하지 않겠다는 말 때문에 얼핏 소극적인 선택을 했나 싶지만, 그 한 곳을 향해 힘껏 액셀을 밟을 수 있기에 당연히 연비는 좋아질 것이고 결과도 따라올 것이다.

실제로 이분은 일이 점점 잘 풀리게 되었고, 가족에게도 애정을 듬뿍 쏟았으며, 매일 3배는 더 알찬 생활을 보냈다.

어떤가? 눈이 확 트이지 않는가? 그렇다. 한 가지 소원을 이루기 위해 전혀 다른 정반대 방향으로 액셀을 밟는 상태다. 다르게 표현하자면, 나아가려는 방향으로 온 힘을 다해 액셀을 밟고 있는데, 똑같은 힘으로 브레이크가 걸려 있는 상태라고도 할 수 있다.

그러면 당연히 차는 꿈쩍도 하지 않는다. 엔진 스로틀만 활짝 열려 있다 보니 피로감만 쌓이고 고민만 깊어질 뿐이다.

다시 말해 액셀과 브레이크 모두
행복을 위해 밟고 있는 것이다.

이것이 갈등이다.
갈등이란 이런 구조로 되어 있다.
마음속에서 모순이 일어날 때는 양쪽 다 장점이 존재한다. 한쪽의 장점이 마음의 액셀을 밟으면 다른 한쪽의 장점이 행동에 브레이크를 건다. 액셀과 브레이크 모두 활짝 열려 있기 때문에 하려고 해도 안 되는 현상이 일어나 지쳐버리는 꼴이다.

이럴 때는 먼저 '액셀을 밟는 이유'와 '브레이크를 밟는 이유'를 찾아야 한다.

상담 이야기에서 말했듯이 내면의 갈등이란 똑같은 이유와 목적을 향하고 있다는 사실을 아는 것이 가장 중요하다. 그리고 공통되는 진정한 목적을 알아야 한다. 그러면 정반대의 방법을 취하는 두 자아가 같은 목적으로 어떻게 도달할 수 있을지를 이야기해 액셀과 브레이크를 적절히 사용할 수 있다.

'잘난 사람'일수록 버릴 때 탈이 나는 이유

10대였을 때 만난 사업 멘토는 나와 같은 동네 출신으로 대성공한 20대 사장이었다. 그는 자주 나에게 이런 말을 했다.

"인간의 능력은 다 거기서 거기야. 단지 초점을 어디 맞추느냐에 따라 결과가 완전히 달라지지."

처음 이 말을 들었을 때는 솔직히 와 닿지 않았지만 몇 년이 지나자 구구절절 수긍하게 되었다. 나는 몇 년 동안 어떻게든 회사를 궤도에 올려 매출을 올리는 일에만 초점을 맞췄기 때문에 경영이 순조로웠다. 한편 애인을 만들거나 교우관계를 넓히는 일에는 무신경해서 잘되지 않았다. 이것이 바로 멘토가 '무엇에 초점을 맞추는가'라고 이야기했던 부분인가?

초점에 집중하면 인생은 가속한다. 햇빛을 돋보기로 모으는 것과 같은 이치다. 돋보기에 햇빛을 계속 비추고 있으면 태양에너지가 불꽃을 일으킨다.

초점을 맞추고 계속 집중하는 것. 이 두 가지만 있으면 인생의 결과도 완전히 달라진다. 초점을 맞추는 일이란 목표를 좁히는 작업이다. 조준점을 맞춘다는 뜻이다. 집중할 때는 무엇을 할지 생각하는 것도 중요하지만, 그 이상 무엇을 하지 말아야 할지 정하는 것도 중요하다.

성공이나 성과를 추구할 때는 무엇을 할지 생각한다. 한편 행복을 추구하고자 할 때는 하지 말아야 할 일을 정하는 것이 핵심이다. 소거법이라는 방법도 있듯이 초점을 맞출 때는 미리 하지 말아야 할 일을 정하는 것이 매우 효과적이다. 그러나 똑똑한 사람일수록 실천하기가 어렵다. 똑똑한 사람은 할 수 있는 일이 많기 때문이다. 무슨 일이든 척척 해내기 때문에 '나 이거 안 할래' 하고 버리기가 어려운 것이다.

버리지 못한 채 하지 말아야 할 일을 정하지 못하면 어떻게 될까? 무시무시한 이야기지만 열등감으로 가득 찬 인생을 보내게 된다. 잘 생각해보라.

손흥민 선수가 축구도 하고 야구도 하고 대학교수도 하고 채소 소믈리에까지 했다면 축구를 그 수준으로 잘할 수 있었을까? 제아무리 손흥민이라도 아마 어려웠을 것이다. 물론 센스가 있는 사람은 무슨 일을 해도 어느 정도 수준에 도달할 가능성이 아주 높다고 할 수 있다. 하지만 그런 대단한 사람이라고 해도 모든 무대에 오르려고 하면 탈이 난다. 어떤 사람이 채소 소믈리에 콘테스트에서 우승을 하면 '내가 더 잘하는데!'라는 마음이 드는 식이다.

그렇다. 자신의 전문분야도 아닌데 못하면 괜히 자신이 못난이처럼 느껴지고 만다. 천하의 손흥민 선수라도 매번 지칠 것이다. 우리도 그런 손흥민 선수를 보고 싶지 않다.

이제 자신을 한번 돌아보자. 할 수 있는 일이 너무 많아서 모든 무대에 오르려다 지치지 않았나? 대체 어디서 돈을 벌지 몰라 자포자기하며 자신을 비하하고 있지 않은가?

혹시 어떤 무대에 올라 방해를 하고 있다면
그 무대는 당신의 무대가 아닐지도 모른다.

만일 자신이 설 무대가 아니라면 다른 주인공에게 양보하면 된다. 현대사회는 누구나 스스로를 발휘하는 시대라고들 하니까.

'잘못된' 방법 vs '잘됐던' 방법

잘못된 방법, 잘됐던 방법. 전부 다 버리라고 하지는 않겠다. 일단 그중 하나만 놓아보자. 버리는 것이 얼마나 재미있는지 체험해보기 바란다. 이것이 바로 내가 이 책을 통해 제안하고 싶은 것이다.

- 지금껏 성과를 냈던 방식과 다른 방법 시도해보기.
- 최선이라고 의심 없이 해왔던 트레이닝 바꿔보기.
- 최단 거리라고 생각했던 출근길 다르게 가보기.
- 어울린다고 믿었던 현재의 헤어스타일 바꿔보기.

• 지금까지 고르지 않았던 색깔 일부러 골라보기.

　사람에 따라서는 상당한 용기가 필요할지 모른다. 그래도 시도해보면 반드시 깨달을 것이다.

　새로운 방식을 써봤더니 성과가 더 좋았다. 생각을 싹 바꾸자마자 마음이 가벼워졌다. 전혀 다른 패션을 시도했더니 생각보다 잘 어울렸다. 헤어스타일을 바꿔봤더니 의외로 주변 반응이 좋았다. 다른 루트로 간 출근길에서 근사한 가게를 발견했다.

　　지금까지 최선이라고 믿어왔던 방식.

　　고민 없이 '이거면 되겠지' 했던 방법.

　　당연하다고 여겨왔던 자신만의 루틴.

　　그것들과 반대, 그쪽이 아닌 다른 길.

　　다시 말해, 새로운 것을

　　고를 줄 안다면

　　사람은 몰라보게 성장한다.

성장이란 변화 그 자체라고들 한다. 성장이란 번데기에서 큰 번데기가 되는 것이 아니라, 번데기에서 나비로 변화하는 것이라는 이야기를 들은 적이 있다.

나는 애초에 모든 인간은 어느 순간에든 성장한다고 생각한다. 농땡이를 칠 때도 성장한다. 폐인 생활을 할 때도 성장한다. 점점 깊은 늪 속으로 빠질 때도 성장한다.

따라서 번데기가 덩치만 커져도 내가 봤을 때는 성장이지만, 번데기에서 나비로 변화한다면 더 극적인 성장이다. 인생의 무대가 크게 달라졌다는 사실을 알 수 있기 때문이다. 즉 번데기라는 형태에서 꽃 사이를 노니는 나비라는 모습으로 탈바꿈한 것이다.

확 바뀔 정도로 성장하고 싶다면 몸이 가벼워야 한다.
나를 옭아매는 관념과 판단을 짐으로 남겨두지 말자.

모처럼 나비가 되었는데도 번데기라 날지 못한다는 생각에 사로잡혀 있으면 잎에 계속 머물러 있을 수밖에 없다. 너무 아깝지 않은가? 그렇기 때문에 버리는 힘이 필요하다.

2.

'정말 이래도 되나' 싶은 생각이 든다면

제대로
버리기 위한
'마음 조건' 만들기

'한번 내뱉은 말'에는 도망갈 시간을 주어라

우리는 한번 내뱉은 말에는 책임을 지라는 가르침을 받으며 자랐다. 그러나 누구든지 삶에 대한 자세나 사고방식이 변해가는 것은 너무나 당연한 일이다. 과거 내뱉은 말에 꽁꽁 묶여 있지 않아도 좋다. 오히려 현재 자신이 무엇을 중요시하는지 파악하는 데 초점을 맞추어야 한다.

인생을 한번 되돌아보자. 좋아하는 음식, 좋아하는 음악, 좋아하는 이상형이 줄곧 똑같았는가? 시간이 흐르면서 바뀌었을 것이다.

어린 시절에는 "난 당근이 싫어"라고 말했다 할지라도 나중에 커서 먹어봤더니 좋아졌을 수도 있다. 그럼 이제 "옛날에는 싫었는데 지금은 좋아"라고 당당히 말할 수 있는 것이다. '난 당근이 싫다고 했으니까 계속 싫어해야 해'라고 생각하는 사람은 아마 거의 없지 않을까? 한번 뱉은 말은 주워 담을 수 없다며 말이다.

그러나 단순한 취향이 아니라 인생에 대입해보면 왠지 자신이 했던 발언을 바꾸면 큰일 난다고 믿는 사람들이 많다.

그런데 잘 생각해보라. 과거의 당신과 현재의 당신을 비교했을 때, 변하지 않은 부분도 있겠지만 변한 부분도 분명 많을 것이다. 과거에 애지중지하던 물건이 여전히 소중할 수도 있지만 그렇지 않은 경우도 허다하다.

"아끼던 물건이겠지만 이제 놓아주세요."
"과거의 말을 꼭 지킬 필요는 없어요."

나는 항상 이렇게 조언한다.

그때는 중요했지만 지금은 중요하지 않다.
그때는 중요하지 않았지만 지금은 중요해도 좋다.

그 무엇보다 현재 당신이 어떤 생각을 하고 어떤 삶을 살고 싶은지가 중요하다. 우리는 그 점에 주목해야 한다. 과거에 중요한 물건이었다고 해서 책임질 필요나 집착할 필요는 없다. 지금 아끼는 것이 있다면 솔직하게 있는 그대로 표현하자.

게임은 어떤 '모드'인지에 따라 '플레이'가 달라진다

"제가 정말 하고 싶은 일이 뭔지 모르겠어요."

많은 사람이 안고 있는 질문이다. 그런 사람들은 특히 고민에 고민을 거듭한다.

'하고 싶은 일만 찾으면 진짜 열심히 할 수 있는데.'
'좋아하는 일을 하며 살고 싶은데 그게 뭔지 모르겠어.'

본인은 심각한 고민에 빠진다. 나도 그런 고민을 했던 사람이기 때문에 무척 이해가 된다. 그러나 계속 고민만 하고 행동하지 않는 것이 무엇보다도 가장 심각하다는 사실을 당장 깨달아야 한다.

인생에는 끝이 정해져 있다. 그토록 하고 싶었던 일을 하기 싫은 날도 있을 테고 전혀 다른 새로운 일을 하고 싶은 날도 있을 것이다. 마음은 매일 바뀐다.
'내가 꿈에 그리던 일이야!'
좋아하는 일을 찾았다고 매진했는데 어느 날 갑자기 회

의감을 느꼈던 경험이 있을 것이다. '응? 이게 아닌데?', '내가 왜 그렇게 열심히 했을까?', '응? 이게 정말 하고 싶은 일이었나?' 같은 식으로. 자신이 쉽게 빠져들었다가 금방 식는 사람이라고 부정적으로 생각할 필요는 없다. 왜냐하면 실제 하고 싶었던 일이었는지와는 별개로 어떤 정체성의 변화에서 생기는 현상이기 때문이다.

카운슬러 모드일 때가 있는가 하면 작가 모드일 때가 있다. 사업가 모드일 때가 있는가 하면 예술가 모드일 때도 있다. 여성 모드일 때가 있는가 하면 엄마 모드일 때나 딸 역할에 충실하고 싶을 때도 있다.

당신 안에는 다양한 자아가 있기 때문에 어떤 모드인지에 따라 그때그때 하고 싶은 일이 변화한다. 무심결에 지금 당신이 생각하는 것? 진정으로 즐길 수 있는 것? 시간 가는 줄 모르고 빠질 수 있는 것? 돈을 지불해서라도 하고 싶은 것? 그런 식으로 여러 질문을 던졌을 때 누군가에게 힘이 되고 싶다는 결론이 나왔다면 그때는 자신이 카운슬러 모드에 있다는 뜻이다. 그러나 얼마 되지 않아 엄마 또는 아내 모드가 되었다면 그때는 아이 또는 남편의 미소를 보는 일에 가장 보람을 느낄 수도 있다.

그렇다. 인간은 자신 안에 스스로도 자각하지 못하는 몇 가지 모드가 존재한다. 그리고 그것은 시도 때도 없이 바뀐다.

다시 말하면 하고 싶은 일이 무엇인지 모르겠다는 사람은 변덕쟁이가 아니라 그저 하고 싶은 일이 무엇인가에 대해 정신이 팔려 있을 뿐이다. 그렇다면 인생을 통으로 걸고하고 싶은 일을 찾아 헤매기보다는 지금 자신이 무슨 모드로 살고 싶은가를 생각하는 편이 더 건설적일 것이다. 만약당장 하고 싶은 일이 없다면 그 안에서 그나마 하고 싶은 일을 찾아 시도해보는 것만으로도 충분하다.

극단적으로 말하자면 멍하니 앉아 시간을 보내도 좋다. 반드시 특별한 일을 찾아야 한다는 사명감은 그저 환상, 아니 망상이라고 생각하는 편이 낫다.

그러다 보면 조만간 안에 있던 열정이 튀어나와 갑자기 '으라차차!' 뭔가에 불을 붙일지도 모른다. 또 언젠가는 '이제 지쳤다. 그만할래'라고 생각할지도 모른다. 따라서 끊임없이 무언가를 하려고 하는 자세가 중요하다. 지금 할 수 있는 범위 내에서 부지런히 움직이는 것 말이다. 왜냐하면 '무언가를 하는 것'보다는 '그 덕분에 즐거운가'가 더 중요하기 때문이다.

애초에 하고 싶은 일이 뭔지 모르겠다는 사람 중에는 자신의 감정에 뚜껑을 덮어버린 사람이 많은 듯하다. 어떤 일에 화를 내고 어떤 일에 기쁨을 느끼며 어떤 일에 외로움을 느끼는가. 그리고 언제 분발하겠다고 다짐하는가. 이런저런 감정을 있는 그대로 느끼고 그 감정에 빠지는 훈련을 해보자. 그러다 보면 자신이 무슨 일을 하고 싶은지 자연스레 발견할 수 있을 것이다.

'당연하지 않은 것'을 '당연시하는 사람'을 미러링하라

예전에 사업가이자 작가인 사이토 히토리 씨가 일본에서 처음 양계장을 시작한 사람 이야기를 한 적이 있다. 어느 날 갑자기 많은 닭을 기르던 사람이 사업 아이디어가 떠올랐다고 한다.

"그래, 양계장 사업을 하자!"

그런데 닭장에 넣은 다음 날부터 닭들이 전혀 알을 낳지 못했다. 지금껏 자연 속에서 자유롭게 뛰어다니며 자라던 닭들에게 닭장이라는 어떤 환경적 스트레스가 있지 않았을까 추측된다. 그때 그 사람이 어떤 아이디어를 실행했더니 닭들이 곧장 알을 낳기 시작했다고 한다. 그 어떤 아이디어란 바로 태어나기 전부터 닭을 닭장에 넣는 것이었다. 날 때부터 닭장에 들어가 있던 닭들은 아무 문제 없이 알을 낳았다.

날 때부터 안에 있던 닭들에게는 그것이 자연스럽고 당연한 환경이다. 자신의 상태를 의심하거나 스트레스를 느끼지 않는다. 구구절절 공감하면서도 나는 이 당연한 것들이 인간에게도 꼭 들어맞는다고 생각했다. 누구나 자신도 모르는 새에 양계장의 닭들처럼 생활할 때가 있지 않나 싶은 것이다.

- 사회인은 명함을 가지고 있어야 한다.
- 회사 회식에는 당연히 참석해야 한다.
- 사람들 사이에서는 절대 튀면 안 된다.
- 노동의 대가로 돈을 받는 것은 당연하다.
- 최소한 고등학교 정도는 가야 한다.
- 때가 되면 결혼은 반드시 해야 한다.
- 나보다는 아이를 우선시해야 한다.

처음부터 닭장 안에서 자란 닭이 스트레스를 받지 않는 것처럼, 주어진 환경을 당연하게 생각하면 아무런 의심도 생기지 않는다. 그런데 만약 닭들이 바깥세상을 뛰어다닐 수 있다는 사실을 알게 된다면? 닭장이라는 당연한 환경을 벗어나고자 하는 닭들도 분명 있을 것이다.

사람도 마찬가지다. 인생을 바꾸고 싶을 때나 기회가 펼쳐졌을 때, 닭장 바깥의 풍경이 눈에 밟히기 시작한다. 닭장 안에 있는 것을 당연시하는 당신은 닭장 바깥으로 나가기가 두렵다. 하지만 바깥세상이 있다는 사실을 알아도 과연 잠자코 있을 수 있을까? 닭들과는 달리 당신이 들어가 있는 닭장 문은 자물쇠가 채워져 있지 않다. 따라서 몸이 근질근질해지면 자신의 발로 언제든 나갈 수 있다.

어떻게 하면 버릴 수 있을까? 어떻게 하면 나갈 수 있을까? 가장 간단하고 효과적인 방법은 당신이 바라는 상태를 당연히 여기는 사람과 접하는 것이다. 당신이 해본 적도 없는 일을 당연하게 하고 있는 사람을 만나러 가자.

- 남들이 한다고 다 따라 하지 않는 사람.
- 적은 노동 시간 동안 떼돈을 버는 사람.
- 왠지 모르게 즐겁고 행복하게 사는 사람.

그런 사람들이 당연시하는 것들을 접해보기를 추천한다. 자신이 원하는 상태나 결과가 당연한 환경에 있으면 자신도 점점 그 상태를 당연시 여기게 된다. 당신 마음에 자리 잡은 당연한 것들은 당신이 태어난 집이나 자라온 환경 속에서 자라난 것들이다. 어른이 된 당신에게 더 이상 필요하지 않다면 그것을 부숴줄 사람을 만나야 한다. 그리고 닭장을 떠나 드넓은 벌판으로 가면 된다. 당신이 새로이 만날 무언가가 바로 그곳에 있기 때문이다.

베프가 될 수 없다고
꼭 남이 될 필요는 없다

당신에게는 라이벌이라 부를 만한 존재가 있는가? 라이벌 끼리 연결 고리를 만드는 일, 이것은 매우 중요한 과정이다.

나는 아직 철없던 10대 시절 이 사실을 멘토에게 배웠다. 그랬으면 멋있었겠지만 사실 파친코 프로♣ 아저씨가 중요 하다며 가르쳐줬다. 그리고 파친코 시절 느꼈던 '라이벌의 연결 고리'는 훗날 나에게 무척 의미 있게 다가왔다.

대부분 라이벌이란 나와 같은 직업을 가진 사람들이나 같은 목표를 가진 사람들을 말한다. 만약 돈과 직결되어 있 다면 상대방을 짓밟아서라도 이기고 싶기 마련이다. 가끔 은 자신이 승리를 차지하기 위해 남이 이기지 못하도록 노 력할 때도 있다.

툭 터놓고 말하자면, 나도 파친코 일을 할 때 저놈한테 만은 지기 싫다는 사악함이 나온 적이 있었다. 냉정하게 생 각해보면 다른 사람이 진다고 해서 나의 수입이 올라가는 것도 아닐뿐더러, 다른 사람이 이겼다고 해서 나의 수입이 줄어드는 것도 아니다. 그런데 왜인지 타인이 이기면 무언가를 빼앗겨서 내 몫이 줄어든다는 기분이 든다.

그러던 어느 날 파친코 프로 아저씨가 이런 말을 했다.

"어차피 1인당 기계 1대밖에 못 치는데, 좋은 기계 정보 있으면 다른 프로도 가끔 이기게 해줘."

"경쟁해봤자 좋을 거 하나 없어. 같은 일 하는 사람들끼리 결국 돕는 게 나아."

그는 어딜 봐도 평범하기 짝이 없는, 월수입 1,000만 원 이상의 파친코 프로로 보이지 않았다. 50대가량 되어 보이는 백발의 아저씨는 늘 같은 옷과 같은 캡 모자를 쓰고 나를 타일렀다.

그 후로 나는 아저씨의 가르침대로 다른 프로에게도 정보를 뿌렸다. 좋은 기계를 혼자 독차지하지 않고 양보했으며 너무 많이 이기지 않도록 조절하는 법을 배웠다. 그때부터 일이 재미있어졌다. 반드시 보답을 받게 된 것이다.

내가 "저 가게가 요즘 잘 터지나 보던데요!" 하고 정보를 주면, "저기 생긴 가게 기종이 진짜 쉬워요" 하고 정보를 가르쳐줬다. 내가 치는 기계 옆에 좋은 자리가 났다며 양보

하면, 나중에 나에게 다시 좋은 기계를 양보해주기도 했다. 결과적으로 혼자 이기겠다고 아등바등했을 때보다 훨씬 더 많이 이길 수 있게 되었다. 그런 경험을 통해 반드시 라이벌과도 서로 도와야 한다는 사실을 깊이 깨달았다.

다투지 말고 한편이 되어라.
서로 발목 잡지 말고 나누어라.
이익을 취하려 하지 말고
사이좋게 이득을 보아라.

파친코 시절 얻은 교훈 덕분에 나는 라이벌과 협력 관계를 만드는 것이 훨씬 이득을 본다는 생각을 갖게 되었다. 또한 상대가 누구든 연결 고리를 만드는 것이 사업이 잘되는 비결 중 하나라는 사실을 알았다. 적이 되지 말고 협력하라. 힘을 모아라. 지혜를 나누어라. 나는 상대방이 라이벌이라 할지라도 선뜻 손 내밀 수 있는 사람들의 세상을 살짝 엿본 듯한 기분이 들었다.

무성의한 지껄임에는
칼 같은 거절로 답하라

나는 많은 경영자를 접하면서 큰 성공을 이룬 사람들에게서 하나의 공통점을 발견했다. 바로 남의 이야기를 듣지 않는다는 점이다. 아니, 정확히 말하자면 쓸모없는 조언을 한 귀로 흘릴 줄 안다는 점이다. 성공한 사람들이나 행복한 사람들을 관찰해보면 도움이 되는 이야기를 해주는 사람을 직접 고른다는 사실을 알 수 있다.

한마디로 어떤 이야기를 듣고 흘려야 하는지를 명확히 구분할 줄 아는 것이다. 그렇다면 구체적으로 누구의 이야기를 듣고 누구의 이야기를 흘려야 할까?

만약 당신이 사업을 하고 있다면 당신에게 돈을 쓰지 않는 사람의 의견은 거의 무시해도 좋다. 생판 남일 수도 있고 가족이나 동업자일 수도 있다. 부탁하지도 않았는데 오지랖을 부리며 조언하거나 돈도 쓰지 않는 사람들의 이야기를 듣는 것은 시간 낭비다.

그런 이야기까지 곧이곧대로 들으면 아무것도 하지 못한다. 당신에게 돈을 쓰지 않는 사람의 가치관에 맞춰봤자 그 사람이 고객이 되는 것도 아니다. 그럴 시간에 이미 당신을 평가해줬거나 당신의 가치를 인정해주는 사람의 이야기에 귀를 기울이자.

사람은 생각이나 취향도 다를뿐더러 그날의 기분에 따라 하는 말도 바뀐다. 다양한 의견을 받아들이는 측면이 중요하다고 믿는 사람도 분명 있을 것이다.

그렇게 마음을 여는 것이 나쁘다고 할 순 없지만, 아무 말이나 내뱉는 것도 좋지만은 않다. 남의 의견을 들으면 무심코 휘둘리기 마련이라서다. 이런 게 사실 제일 조심해야 할 부분이다. 따라서 부탁하지도 않은 쓸모없는 조언에는 귀를 닫는 것이 중요하다.

울어버리거나, 털어버리거나, 꺼내버리거나

나는 오이타에 계시는 부모님과 틈틈이 라인으로 통화를 한다. 가끔은 부모님에게 손주를 보여주고 싶은 마음 때문이다.

처음에는 '기뻐하시려나?' 같은 가벼운 마음으로 전화를 걸었다. 부모님은 생각 이상으로 기뻐하며 전에 없던 함박웃음으로 손주에게 말을 걸었다. 어머니는 어느 정도 예상했지만 아버지까지 기뻐할 줄은 몰라서 그 모습이 강렬히 뇌리에 박혀 있다.

어릴 적부터 병약해서 걸핏하면 다쳤던 나는 고등학교에 진학하지 않고 어린 나이에 독립했다. 부모님은 그런 자식 때문에 늘 노심초사했을 것이다. 죄송스러움이 늘 가슴 한구석에 있었는지 어른이 되면 꼭 효도를 해서 갚고 싶었다. 특히 20대 초반에는 그러한 동기가 크게 작용해 막무가내로 일만 했다. 그렇게 시간이 흘러 20대 중반이 되고 생각만큼 효도하지 못한 나와 마주하게 되었다. 정말이지 초라하기 짝이 없는 현실이었다.

TV에서 나와 비슷한 나이대의 사람들을 볼 때면 '나는 왜 저렇게 못 할까?' 싶은 마음에 풀이 죽었다. 늘 내가 잘

되기 바라는 부모님의 마음에 보답하지 못했다는 죄책감 때문에 대화하는 것도 어색해졌다.

그러던 어느 날, 상황에 이기지 못하고 부모님에게 울며 사과한 적이 있었다.

"저도 효도하고 싶은데 못해서 죄송해요. 별 볼 일 없는 놈으로 자라서 죄송하다구요."

그러자 부모님도 눈물을 흘리며 말했다.

"너한테 선택권을 더 많이 주고 싶었는데 그러지 못했어. 그런데도 바르게 커줘서 정말 고마워."

부모님의 말씀에 나는 충격을 받았다. 나는 효도에 대한 생각으로 마음고생을 해왔는데, 부모님은 특별히 그런 것을 원하지 않았다. 나라는 존재를 있는 그대로 받아들이고 있었다. 나는 비로소 나대로 꾸밈없이 존재해도 좋다는 사실을 알았을 때 마음 깊이 안도의 한숨을 내쉴 수 있었다.

그 후로 나를 둘러싼 세상에 대한 안도감이 180도 바뀌었다.

'꼭 성공해서 효도할 거야!'라고 고집부리던 마음은 어느

덧 사라져 있었다. 신기하게도 그때부터 사업이 잘 풀려서 덕분에 지금은 그때보다 훨씬 더 많은 효도를 하고 있다.

만약 당신이 부모의 기대를 저버리면 안 된다거나 실망감을 안기고 있다는 생각에 끙끙 앓고 있다면 그 마음을 한번 털어놓기를 추천한다. 그것은 부모를 탓하거나 자신을 질책하는 것도 아니고, 그저 뚜껑을 닫아 꽁꽁 숨겨뒀던 마음을 꺼내는 일일 뿐이다.

"드릴 말씀이 있어요. 뭘 바라고 하는 말은 아니고요. 그냥 들어주셨으면 해요."

부모님의 기대를 저버리고 있다는 슬픔에 빛을 비춰주듯이 그저 하고 싶은 말을 털어놓으면 된다. 만약 부모님이 받아들이지 않는다고 해도 속마음을 털어놓았다면 그것으로 충분하다. 그 마음을 속 시원히 드러내는 것만으로도 세상은 안전하다는 사실을 느낄 수 있을 것이다.

'돈을 더 벌려면'이라는 질문에서
보이는 마음 법칙

나는 그동안 돈을 버는 많은 사람과 만나면서 사람마다 돈을 버는 방법이 천차만별이라는 사실을 깨달았다. 돈을 번다는 의미를 어떻게 받아들이냐에 따라 그 방법이 완전히 달라졌던 것이다.

지금 고통 속에 돈을 버는 사람들은 돈을 더 벌려면 지금보다 훨씬 더 고통스러워야 된다고 생각한다.

지금 희생하며 돈을 버는 사람들은 돈을 더 벌려면 지금보다 훨씬 더 자신을 희생해야 된다고 생각한다.

지금 하기 싫은 일로 돈을 버는 사람들은 돈을 더 벌려면 지금보다 더 하기 싫은 일을 해야 된다고 생각한다.

지금 좋아하는 일로 돈을 버는 사람들은 돈을 더 벌려면 지금보다 훨씬 더 좋아하는 일을 해야 된다고 생각한다.

그리고 지금 기를 쓰고 일하는 사람들은 돈을 더 벌려면 지금보다 더 기를 쓰고 일을 해야 된다고 생각한다.

지금 도움을 받아 돈을 버는 사람들은 돈을 더 벌려면
지금보다 훨씬 더 많은 도움을 받아야 된다고 생각한다.

그렇다. '돈을 더 벌려면?'이라는 질문에 대한 대답은 사람마다 다르다. 대부분의 사람은 지금까지 자신이 번 방법의 연장선상에서 돈을 번다는 전제를 깔아놓는다.

자, 당신은 어떤가. 지금 당신은 돈을 번다는 것에 대해 어떻게 생각하는가? 돈을 버는 방법을 긍정적으로 받아들이는 사람은 돈을 더 번다는 것에 플러스 이미지를 갖고 있다. 돈을 버는 방법이 부정적으로 느껴지는 사람은 돈을 더 번다는 것에 마이너스 이미지를 가졌기 때문에 선뜻 돈을 더 벌려고 하지 않을 때도 있다.

때로는 인생에도 '커닝'과 '분석'이 필요하다

사실 무엇을 원하는지 명확해졌다면 성취를 위한 길은 하나뿐이다. 그러니 웬만하면 지름길로 가자. 한마디로 '원하는 결과를 이미 달성한 사람에게 배우는 것'이다.

나는 의무교육을 마친 이후 고등학교에 가지 않고 파친코에 빠져들었다. 복장이나 헤어스타일도 자유롭고 수입도 많을 것 같다는 생각에 파친코로 생계를 유지하려고 했다. 하지만 나에게는 파친코에 관한 지식도 경험도 없었다. 그렇게 생초보였던 내가 어떻게 월 2,000만 원을 벌게 되었을까? 그것은 파친코 가게에 있는 사람과 기종을 철저히 관찰하면서부터 시작되었다.

어차피 중졸에 무직이었다. 시간만큼은 남아돌 정도로 많았던 나는 계속 이기는 사람을 관찰했다. 그러다 문득 항상 돈을 따는 아저씨가 1명 있다는 사실을 발견했다. 매일 관찰하고, 마주치며, 인사하는 사이가 되었을 때, 나는 용기를 내서 그 사람에게 말을 걸었다. 참, 이 사람이 앞서 이야기한 나의 첫 멘토다.

"구슬, 잘 들어가요?"

"응, 잘 들어가. 넌 잘 들어가?"

"네, 잘 들어가네요."

잘 터지는 기종 앞에 나란히 앉아 파친코 용어를 쓰며 나누던 대화가 시작이었다. 이내 아저씨는 담배를 피우며 잘 따는 방법을 가르쳐주기 시작했다.

프로는 먼저 잘 터지는 기종이 설정되어 있는 가게를 골라 이길 때까지 치는 것이 정석이란다. 파친코는 통계학이기 때문에 터지는 기종은 인내심만 있으면 반드시 이길 수 있다는 것. 이론상 이길 수 있는 기종인지 아닌지는 일정 시간 쳐서 판단하고, 이길 수 있다 싶으면 그 기종을 떠나지 말고 계속 쳐야 한다.

그 당시 나는 많으면 한 달에 약 4,000만 원 정도를 땄던 프로 중의 프로에게 파친코 비법을 전수받았다. 자는 시간도 줄여가며 공부하고 또 공부했다. 오늘 친 기종을 기록하는 것부터 시작해 다른 가게 상황을 조사하거나 잡지를 보며 정보를 모으기도 했다.

가르침을 충실히 지키면서 연구를 거듭하기를 약 반년.

어느새 나는 놀랄 만큼 잘 따는 사람이 되어 있었다.

멘토 아저씨의 말을 듣고 그대로만 했다. 그랬더니 1달에 큰돈을 벌 수 있게 되었다. 직접 해보니 이렇게 간단하나 싶을 정도였다. 솔직히 그런 느낌이었다. 그러나 동시에 강렬한 의문이 남기도 했다.

'어떻게 반년밖에 되지 않은 나는 잘 따고, 30년은 더 된 사람은 돈을 잃을까?'

대답은 간단했다. 이기는 방법을 모르기 때문이다. 그뿐이다. 그리고 내가 이기는 방법을 알게 된 이유는 단순히 이기는 방법을 아는 사람에게 배웠기 때문이었다. 누구에게 배우는가에 따라 이렇게나 결과가 달라지나. 문득 그 사실을 깨달았을 때 받았던 충격을 아직도 잊을 수 없다.

대부분 처음 파친코를 칠 때는 선배나 아는 아저씨, 친구 형들에게 배운다. 재미로 하는 사람이 많기 때문에 자신이 원하는 결과를 내는 사람이나 엄청난 성과를 올리는 사람에게 의식적으로 배우는 사람은 드문 것이다.

그러나 이기는 사람과 지는 사람의 차이는 아느냐 모르느냐의 차이다. 파친코 이야기에만 적용되는 것이 아니다.

아주 간단하지만 어떤 일에든 통용되는 진리라고 생각한다.

자신이 원하는 결과를 이미 얻은 사람에게 배워라.
이것이 성과를 낼 때 가장 우선시해야 할 사항이다.

나는 퀴퀴한 담배 연기와 파친코 구슬 소리에 파묻혀 인
생의 소중한 가르침을 얻었다.

여기서 파친코 이야기를 한 김에 원하는 것을 얻을 수 있
는 비결을 하나 더 소개하려고 한다. 전혀 하지 않는 사람
은 모르겠지만 파친코에서 돈을 따기 위해 가장 중요한 것
은 사실 기술도 아니고 기종 선택도 아닌, 가게 선택이다.

파친코에는 이기는 기종과 지는 기종이 있다. 그것은 가
게 쪽에서 설정하기 때문에 이기는 기종을 반드시 구별할
줄 알아야 한다. 사실 이기는 기종을 아예 설치하지 않는
가게도 있다. 그런 곳에서는 아무리 기종을 잘 고르거나 기
술이 뛰어나도 이길 수 없다. 그 사실을 잘 아는 프로는 이
기는 기종이 많은 우량 가게나 이벤트가 한창인 새로 개업

한 가게로 몰려든다. 이것이 문을 열기도 전에 파친코 가게 앞에 줄이 늘어서는 이유다. 그럼 이길 수 있는 기종이 많은 가게에 가면 되지 않을까? 그러나 그 생각은 어느 프로든 똑같이 갖고 있다. 이길 수 있는 기종이 많은 가게에는 수준 높은 프로가 모이기 마련이다.

음식점으로 비유하자면, 인구가 많은 지역에서 가게를 내면 손님이 많이 모여들지만 그만큼 라이벌도 많고 땅값도 비싸지는 것과 같은 이치다. 이길 수 있는 기종이 많은 가게는 연구를 거듭하는 프로들이 유리한 기종으로 앞다퉈 모여든다. 따라서 장기적으로 봤을 때 초보가 대충 쳐서 계속 이기기란 불가능에 가깝다. 프로는 반드시 방법을 찾아내서 그 가게로 이기기 위해 오기 때문이다.

그런데 같은 파친코 프로 중에서도 다음과 같은 사람이 있다.

◦ 한 달에 200만 원을 버는 사람.
◦ 한 달에 500만 원을 버는 사람.

◦ 한 달에 1,000만 원을 넘게 버는 사람.

흥미롭게도 이 사람들의 지식이나 실력에는 전혀 차이가 없다. 그럼 무엇이 다를까? 그것은 크게 이기는 사람일수록 '생초보도 이길 수 있는 가게'를 선택한다는 점이다.

그렇다. 다른 프로들이 오지 않을 법한 벽촌 가게에서 친다. 그래서 수준 높은 사람들은 아침 일찍 줄을 서지 않고 충분히 잔 후에 여유롭게 가서 친다. 게다가 정말로 잘하는 사람은 자신이 프로라는 사실을 주변 사람들에게 들키지 않고 친다. 너무 많이 이기면 가게 쪽에 정체가 탄로나서 기종이 조정되기 때문이다. 너무 많이 이기지 않도록 조절하며 치는 것이다.

이는 경영자 세계에서도 똑같이 적용되는 듯하다. 사회에는 바쁘게 일하는 사람도 있고, 어느 정도 잘 버는 사람도 있다. 정말 돈을 잘 버는 사람은 느긋하게 보이는데도 기절할 만큼 어마어마하게 벌기도 한다.

그 사실을 안 후로 나는 곧장 가게 선택법을 바꿔보았다. 프로가 올 것 같지 않은 촌구석에 있지만 이기는 기종이 설정되어 있는 가게에서 치기로 한 것이다. 당연히 프로는 나밖에 없었고 온통 초보들뿐이었다. 그 가게에 이기는 기종이 딱 1대밖에 없다 하더라도 내가 차지할 수 있는 가게에 가면 반드시 이길 수 있다.

- 물고기의 수보다 라이벌이 더 많은 곳에서 낚느냐.
- 물고기는 적지만 확실히 낚을 수 있는 곳에서 낚느냐.

파친코 게임을 통해 배운 이 생각이 경영 분야에서 '블루오션 전략'으로 불린다는 사실을 나는 한참이 지나서야 알 수 있었다.

마음은 버리고 싶은데
'못' 버리는 사람들의 특징

내가 상담을 했던 고객 중에는 바뀌는 사람이 있는가 하면 바뀌지 않는 사람도 있다. 사실 나는 인생이 꼭 변화해야만 한다는 주의는 아니다. 단, 본인이 원하는데도 바뀌지 않는다고 느껴진다면 바꾸는 것이 좋다. 그리고 바뀌지 않거나 바꾸지 못하는 사람들에게는 어떠한 공통점이 있다는 사실을 발견했다. 바뀌고 싶은데 바뀌지 않는 사람들 대부분이 독립을 하지 않았다는 점이다. 사람은 '바뀌지 않아도 지낼 수 있는 상황'보다 '바뀌지 않으면 큰일 나는 상황'에 놓여야 인생을 바꿀 수 있다.

인생을 바꾸는 요소에는 '의식'과 '환경'이 있다. 이 두 가지 요소 중 어느 쪽이 더 크게 작용하는지는 상황에 따라 다르지만 부모님 집에서는 일을 하지 않아도 살 수 있다. 그래서 부모님과 함께 살고 있을 때는 아무래도 안락함이 주는 의식에 묶여 있게 된다.

개인차는 있겠지만 '부모님의 집에 있는 기분'을 느껴본 적이 있는가? 나는 있다. 그래서 사회에 나가 여러 변화를 겪더라도 부모님 집에 1달만 있으면 사회에 나가기 전에 편했던 상태로 돌아간다. 좋은 의미든 나쁜 의미든 부모님 집에서 지냈던 과거의 의식이 당신을 끌어당긴다. 또한 바뀌지 않아도 그 같은 환경에 있는 한 당연히 변화는 일어나기 어려워진다. 따라서 독서와 세미나를 통해 인생이 180도 변화했다는 기쁨에 잠겨 있어도, 부모님 집에 가면 그때 가졌던 의식에 이끌려 순식간에 원상태로 복귀한다. 그런 사람들은 본인의 의지가 약한 것 이상으로 환경의 영향을 받을 때가 있다.

그러니 인생에 극적인 변화가 일어나기를 바라는데 환경에 변화가 없다면 바꾸기가 상당히 어렵다. 바꾸고 싶은데 못 바꾸겠다는 사람 중에 독립하지 않은 사람이 있다면 가장 먼저 부모님을 떠나 환경을 바꿔볼 것을 추천한다.

회사에서 윗사람에게 시달리거나 남편의 폭력에서 벗어나지 못할 때도 똑같다. 반사적으로 무기력한 자신으로 돌아가려는 의식을 바꾸기 위해서는 그 장소에서 물리적으로 벗어나는 것이 중요하다. 물론 폭력이나 갑질 등은 자신의 힘만으로는 극복하기 어려울 때도 있다. 그럴 때는 전문가의 힘을 빌려서라도 대상에서 거리를 두어야 한다. 그래야 자신의 인생에 변화구를 던질 수 있게 된다.

돈이나 일, 인간관계에서 스트레스 없이 사는 사람들의 특징을 관찰한 결과, 나는 그들이 '버릴 줄 아는 사람'이라는 사실을 깨달았다. 어제 잘됐던 방법이라고 해서 내일도 잘되리라는 보장은 없다. 물론 그렇다고 해서 고민 끝에 결단을 내리거나 울며 겨자 먹기로 버리자는 것은 아니다. 그저 지금까지 써먹었던 잘됐던 방식이나 무심결에 받아들였던 습관을 아주 경쾌하고 즐겁게 버리자는 소리니까.

신기하게도 무언가를 놓으면 무언가가 새로 잡힌다. 손

에서 놓아버리는 순간 생긴 여백 안으로 더 좋은 것들이 연달아 들어오는 셈이다. 그렇게 잘됐던 방식을 버렸더니 일도 잘 풀리고 마음도 한결 편해졌다.

이제 당신이 버릴 줄 아는 사람이 되었다면 잘됐던 묘수를 버리는 법을 터득해야 한다. 나는 컨설팅에서도 종종 잘됐던 방법이 아닌 다른 방법을 시도해보라고 주문한다. 그리고 해본 사람들은 하나같이 입을 모아 이렇게 말한다.

"해봤더니 생각보다 잘됐어요."
"불안함이 있었는데 의외로 설렜어요."

지금껏 성공했던 업무 패턴을 갑자기 버리라는 소리는 아니다. 사소한 것부터 시작해보자. 잘됐던 방법을 버려도 불안하지 않다는 사실을 알면 '다음엔 이걸 버려보자', '이것도 놓아볼까?' 하고 생각하게 될 것이다.

지금껏 당신 마음속에 굳건히 자리 잡고 있던 경험이나 생각 대신에 색다른 방법이나 새로운 사고방식이 들어갈 자리부터 만들어보자. 그러면 당신은 한층 더 업그레이드

되었다는 느낌을 받을 것이다.

그리고 버리는 연습을 시작하자. 버린 다음에는 자신이 하고 싶은 일이 진심에서 우러나는 일인지 살펴보자. 원하는 것을 찾고 확인하는 작업을 거치는 것이다. 무엇을 원하는지 알았다면 이제 자신만의 방법으로 기꺼이 받아들이는 연습을 해야 한다. 잘 버리지 못하는 사람이 있듯이 잘 받아들이지 못하는 사람도 많기 때문이다.

인생을 즐기는 사람들은 다음의 4가지 사이클이 몸에 배어 있다.

'제대로 버리기.'
'원하는 것 찾기.'
'자신의 매력 키우기.'
'주저 없이 받아들이기.'

이것만 실천해도 당신은 몰라보게 달라질 것이다.
이제 새로운 나로 태어나기 위해 다시 시작해보자.

3.

과감하게 놓는
자신에게
'YES'를 외쳐주자

허전한 인생을
반전시키는
'행동 테크닉'

'운'은 철저하게 '기분'에 좌우된다

나는 무슨 일을 해도 오래 못 하는 타입이다. 시작해도 질리면 바로 그만두는 성격이랄까.

그런 내가 20년 넘게 매주 빠짐없이 하는 일이 있다. 그것은 '매주 월요일마다 서점에 가서 만화 주간지를 읽는 것'이다. 누가 시키지도 않았는데 한 번을 빠지지 않고 계속한다. 물론 돈을 줄 테니 이 짓을 하라고 하면 좀 귀찮을 것 같다. 만화에 관심도 없는 사람이 매주 월요일 서점에 가야 한다면 귀찮다고 생각할 것이다. 하지만 귀찮지 않다고 해서 꼭 즐거운 것은 아니다. 그래도 나는 매주 월요일 주간지 읽는 시간만을 손꼽아 기다린다.

이 이야기에서 나는 인간이란 '자신이 아끼는 일'에 한해서는 귀찮은 일일지라도 자연스레 기대감을 갖고 할 수 있다는 말을 하고 싶었다. 나는 주간지를 읽기 위해 노력을 한 적도 없고 꾸역꾸역 서점까지 마지못해 간 적도 없다. 주간지를 열심히 읽어서 대단하다는 타인의 평가도 바라지 않는다. 그저 내가 재미있어서, 그것이 내 즐거움이라서 하는 것이다.

즐거움으로 자연스레 지속할 수 있는 일.

자꾸 웃음이 나면서 절로 하게 되는 일.

어느 분야든 자신의 인생에서 신난다는 느낌으로 지속할 수 있는 일이 관건이다. 따라서 자신이 아끼는 일을 발견하는 것이 무엇보다 중요하다. 아낄 수 있는 일을 찾아 그것을 목표로 삼는 것이 가장 행복한 도전이며 성공의 비결인 셈이다.

이제 나에게는 주간지를 읽는 일과 비슷하게 뉴스레터를 공유하는 일이 무조건적으로 즐겁고 자연스러운 일이 되었다. 자신의 '스타일'이 무엇인지 알았다면 그와 비슷한 일을 찾아보는 것이 좋다. 그러면 만화 주간지를 빠지지 않고 읽는 것처럼 꾸준히 달성하며 전진할 수 있다.

여기서 잠깐. 사실 나는 만화 주간지를 기다릴 때만 신이 나는 것은 아니다. 그때 말고도 또 있다.

예를 들면 달걀프라이다. 얼마 전 아내가 돼지 목살 스테이크를 만들며 물었다.

"위에 달걀프라이 올릴까?"

돼지고기를 좋아하는 나에게는 스테이크만 있어도 행복했다. 하지만 그 질문을 듣고 "아니, 뭐라고? 당연히 올려야지!" 하고 흥분해 대답했다. 그렇다. 달걀프라이는 호랑이가 무서워하는 곶감처럼 나를 신나게 해주는 방아쇠다. 우리 인생에도 달걀프라이 같은 존재가 있지 않을까? 말만 들어도 느닷없이 신이 나는 그런 존재.

- 네일을 새로 받으면 신이 난다.
- 돈 잘 벌 생각을 하면 신이 난다.
- 좋아하는 향수를 뿌리면 신이 난다.
- 인기 얻을 생각을 하면 신이 난다.
- 스타벅스 라테를 마시면 신이 난다.
- 유명해질 상상을 하면 신이 난다.

존재만으로도 신이 나는 것이 무엇인지 알아두면 중요한 순간에 100% 힘을 발휘해준다. 그것은 의욕을 이끌어주는 방아쇠가 되어 축 처져 있을 때 활기를 불어넣어 최상의 상태로 만들어주는 귀중한 존재다.

　운은 기분에 좌우된다고들 한다. 말 그대로 좋은 기분을 유지하는 것은 당신의 인생을 좋은 쪽으로 굴러가게 하기 위한 필수 조건이다.

기쁨을 바라는 마음에는
언제나 이름표를 붙여라

"뭐든지 좋으니 원하는 걸 사세요!"

누군가에게 이런 부탁을 받았다면 당신은 바로 정해서 살 수 있나? 만약 당신이 자신을 위해 사는 것이 익숙지 않다면 하나를 사더라도 무척 고민이 될 것이다. 갖고 싶은 재킷이 있어도 '내가 갖고 싶다고 그냥 사도 되나?' 주저하거나 피곤해한다. 마사지를 받으러 가고 싶어도 '이런 데 돈을 쓰다니' 하며 포기해버린다. 그런데 그런 사람일수록 의외로 타인에게 크게 베푸는 타입이 많다. 다른 사람이 기뻐하는 일에는 정성을 들일 줄 안다. 그러나 자신을 위한 일에는 '그냥 참지 뭐', '다른 데 쓰자'라고 생각하는 경향이 있다.

당신이 누구보다 기쁘게 해야 할 대상은
소중한 파트너도, 부모 자식도 아닌
바로 당신, 자기 자신이다.

그것은 당신이 자신을 기쁘게 하고 사랑을 쏟았을 때 비로소 진정한 의미에서 주변 사람들에게도 마음을 줄 수 있기 때문이다. 그러므로 당신 곁에 있는 사람들을 위해서라도 스스로에게 공을 들이고 베풀며 애정을 쏟아야 한다. '저거 갖고 싶어', '이거 하고 싶어'라는 사소한 욕망을 성취하는 것이야말로 자신에게 베푸는 최대한의 사랑이다.

아무래도 자신을 위하는 일이 어색하다는 사람들을 위해 쉽게 베푸는 비결을 소개하겠다.

'무언가를 원하는 마음'을 의인화해보자. 예를 들어 당신이 어떤 재킷을 갖고 싶다면 먼저 그 마음을 의인화한다.

재킷을 갖고 싶다는 마음에 '재킷 씨' 등의 이름을 붙이는 식이다. 그리고 자신을 기쁘게 하는 것이 아니라 재킷을 갖고 싶은 마음을 기쁘게 하기 위해 무엇을 할지 고민한다.

'재킷 씨를 기쁘게 하려면 어떻게 해야 할까?', '어떻게 해야 재킷 씨가 웃어줄까?' 그렇게 생각을 바꾼 순간, 재킷을 사는 데 허락하기가 쉬워진다. 그리고 실제로 재킷을 사서 재킷 씨의 기분이 좋아지면 죄책감은커녕 마음이 크나큰 성취감으로 넘칠 것이다. 만약 당신 스스로를 사랑하는 일에 여전히 거부감이 든다면 다음 3단계를 구체적으로 시도해보기 바란다.

- 무언가 하고 싶은 마음에 이름 붙이기.
- 의인화 대상에 기쁨을 주는 행동하기.
- 그로부터 오는 성취감 제대로 맛보기.

이렇게 하면 자신을 위해 돈을 쓰더라도 죄책감이 훨씬 줄어든다. 또한 자신을 기쁘게 하는 일에도 점점 익숙해질 것이다.

콤플렉스는 '극복'하는 것이 아니라 '반응'하는 것

'단점이 곧 장점이다'라는 말을 들어본 적 있는가? 스스로 결점이라고 생각하는 부분이 사실 남들이 봤을 때는 매력으로 다가온다? 흔히 들을 수 있는 이야기다. "원래는 콤플렉스였는데 이제 매력 포인트가 됐어요"라는 모델의 인터뷰도 어디선가 들어본 적이 있을 것이다. 나도 학력이 좋지 않은 부분을 큰 결점으로 생각했는데 숨기지 않고 털어놓은 후로 더 매력을 느낀 사람들이 는 것 같다.

사실 이 이야기는 당신의 상품이나 서비스에도 똑같이 적용될 수 있다. 당신이 제공하는 서비스에서 결점이라고 생각하는 부분 말이다. 사실 이 점이 강력한 '셀링포인트'가 되기도 한다.

- 마시기만 하면 살이 빠진다.
- 틈틈이 하면 살이 빠진다.
- 입기만 하면 살이 빠진다.
- 몸에 차기만 하면 살이 빠진다.

쉽게 살이 빠진다는 장점으로 소비자를 유혹하는 다이

어트 업계에서 무지막지하게 힘들다는 결점을 당당히 내세운 라이잡RIZAP♣은 강렬한 인상을 주었다. 또 한번은 어릴 적 광고에서 녹즙을 맛없게 먹는 장면을 본 적이 있다. 사실 맛없다는 결점은 감추는 것이 정상이다. 그런데 희한하게 잘 팔렸다.

이렇게 사업을 할 때도 당신이 결점이라고 생각하는 서비스를 매력으로 느끼는 사람이 많다. 당신의 서비스든 당신 자신이든, 스스로 결점이라고 생각하는 부분이 가장 강력한 셀링포인트이자 매력이 되는 셈이다. 사실 콤플렉스를 갑자기 매력이라고 생각하기란 어렵다. 지금까지 수도 없이 그런 의견을 들어왔다. 당장 매력으로 바꿀 수는 없어도 일단 웃어넘기기부터 시작해보면 어떨까?

지금으로부터 10년 전, 나는 고향에서 큰 결심을 했다.
'어디 한번 콤플렉스를 웃음으로 넘겨보자!'
그 당시 내 콤플렉스는 가방끈이 짧다는 부분이었다. 나

♣ 단기 다이어트를 내걸고 맨투맨 트레이닝을 하는 일본의 체인 헬스장.

는 중졸이라는 사실을 숨기고 웬만하면 저학력이라는 것을 들키지 않게 조심하며 살았다. 가끔 경영자들 모임에 얼굴을 비칠 때가 있었는데, 그런 자리에서는 출신 대학 이야기가 꼭 한 번은 나왔다. 나는 대학은커녕 고등학교도 가지 않았기 때문에 그 이야기가 아주 불편했다.

그래서 어느 대학 출신인지 이야기가 나올 것 같으면 그림자처럼 모습을 감추는 기술이 자연스레 몸에 배었다. 저학력은 그만큼 나에게 큰 골칫거리였고 들키고 싶지 않은 콤플렉스였기 때문에 열심히 숨기면서 살았다.

그러던 어느 날, 우리 가게에서 아르바이트로 일하던 아주머니께 사이토 히토리♣ 씨의 강연 CD를 받았다.

거기서 히토리 씨가 이런 말을 했다.

"천재들은 중학교까지만 다녀도 충분해요. 공부가 부족한 사람들이나 고등학교, 대학교에 가는 거죠."

내 기억 속에 어렴풋이 생각나는 말이었는데 그 비슷한

♣　일본에서 여러 해 연속 '납세액 1위'를 기록하고 있는 거부巨富.

내용이었던 듯하다. 그 말인즉슨 자신 역시도 중졸인 히토리 씨가 농담 섞어 한 말이었을 것이다. 하지만 나는 그 농담이 멋있게 느껴져서 충격을 받았다.

'평생 숨기려고만 했던 인생의 약점을 이렇게 농담 섞어 태연하게 말하다니! 나도 그런 어른이 되고 싶다!'

이런 생각이 들어 나도 콤플렉스를 웃어넘기자고 마음먹게 되었다.

이제는 그 사실을 웃으며 넘길 수 있다. 그렇게 내 인생 최대 골칫덩어리였던 학력 문제를 고민하는 일이 없어졌다. 오히려 왜 그렇게 끙끙 앓았을까 신기할 정도다.

만약 당신이 가진 콤플렉스가

전혀 매력으로 느껴지지 않는다면,

웃어넘기는 방법도 있다는 사실을

꼭 염두에 두었으면 한다.

아마 혼자 고민하며 끙끙 숨기는 일 자체가 에너지를 소비하는 일일 것이다. 내가 저학력이라는 사실 자체는 바꾸거나 해결될 일이 아니다. 그렇다면 괜한 에너지를 낭비하지 말자. 오히려 숨김없이 털어놓았을 때 상대가 웃어준다면 횡재다. 나는 그렇게 마음먹었다.

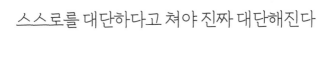

스스로를 대단하다고 쳐야 진짜 대단해진다

계속 치부만 드러내는 것 같다. 나는 예전에 경영자로서 회사를 키우려던 시기에 남의 눈을 많이 의식했다.

앞서 말했던 대로 가방끈이 짧다는 사실을 숨기기에 급급했던 것도 있다. 나는 나 말고 다른 사람이 되기 위해 안간힘을 썼다. 항상 남들이 어떻게 볼지 생각하며 발언하고 행동했다.

마음속으로 이러한 전제를 깔고 있었던 것이다.

- 나는 잘못됐다.
- 나는 초라하다.
- 나는 글렀다.

내가 존경하거나 성공한 사람의 의견을 마치 내 생각인 양 발언했다. 당시에는 무의식적으로 했던 행동이라 타인의 말을 그대로 베끼고 있다는 자각도 없었다. 수많은 정보를 공부하고 나니 주관조차 헷갈리게 되었다. 모든 정보가 훌륭하고 모든 의견에 공감할 수 있었다. 그래서 내가 무슨 생각을 하고 있는지 점점 더 뒤죽박죽되었다. 내 매력을 눈곱만큼도 알 수 없었고 무슨 일을 하고 싶은지도 막연했다. 그렇게 많은 사람이 그러했듯 나를 찾는 여행을 시작했다. 좋은 세미나에 참가하거나 닥치는 대로 책을 읽었다. 인간이라는 존재를 배우고 탐구하는 동안 새로운 지식에 휩쓸려 깊은 미궁 속으로 빠져들었다.

문득 정신이 들고 보니 늪 속에서 허우적대던 내 주변에 자신만의 매력으로 성공한 이들이 많았다.

나는 고개를 파묻고 읽던 책에서 고개를 들고 행복하게 사는 그들의 모습을 찬찬히 관찰했다. 그러자 사람들은 저렇게 해서 어떻게 돈을 버나 싶을 정도로 좋아하는 일을 여유롭게 했다. 그들을 흉내 내고자 최대한 좋아하는 일에 집중했더니 점점 변화가 일어났다. 무엇인가를 파헤치기 위해 골똘히 생각에 잠겼던 때와 달리 나의 매력을 느긋하고 즐겁게 인식할 수 있게 된 것이다. 속도는 느렸지만 '나는 글렀어'라는 생각에서 '이게 난데, 뭐'라는 생각으로 바뀌었다.

동시에 나를 찾고 발견하는 것보다 자각하는 것에 초점

을 맞추게 되었다. 내가 잠재적으로 바라는 것, 내적 세계의 구조, 비전과 재능의 관계성에 집중했다. 그랬더니 뉴스레터를 구독하는 사람들이 늘고 많은 분이 세미나나 컨설팅에 찾아오게 되었다. 물론 사업 이야기뿐만이 아니라 인생에 대한 충족감도 올라갔다.

◦ 나는 언제 행복을 느끼는가?
◦ 나는 결국 무엇을 달성하려 하는가?
◦ 나는 나를 무엇으로 정의하고 있는가?

전에는 보이지 않던 어둠 속에 내가 점점 모습을 드러냈다. 그 결과, 기를 쓰고 얻은 것들은 별 도움이 되지 않아 버리게 되었다.

나를 위한 정보를 차단했더니
나란 존재가 무엇인지 알게 되었다.
내가 설레하는 일을 버렸더니
정말 하고 싶은 일을 알게 되었다.

꿈꾸던 바를 미련 없이 버렸더니

내 가치를 느낄 수 있게 되었다.

무엇보다 방향성이 흔들리지 않도록 잡아주는 안도감을 얻을 수 있었다. 자신을 있는 그대로 받아들여라. 내가 컨설팅에서 항상 하는 말인데, 이 책을 통해 그 위대함을 전하고 싶다. 당신 안에는 '아무것도 못 하는 무능력한 나'도 있지만 '무엇이든 달성해내는 위대한 나'도 공존한다. 두 가지 면모에 굴복한 채 나는 나라는 사실을 자각하면 온갖 일에 변화가 일어난다.

내가 아닌 다른 사람이 되기 위해 노력하는 것이 아니라 자신을 있는 그대로 받아들이고 허락하는 것. 그렇게 하면 타인이나 사물들에 마음을 빼앗기지 않는 행복한 인생이 펼쳐진다.

자신의 가치를 타인이 평가하거나 어떤 기준으로 정한다고 생각하는가? 그렇지 않다. 자신의 가치는 스스로 정하는 것이다. 한심하게 보이는 부분이나 좋아 보이는 부분까지도 통틀어 감쌀 줄 알아야 한다. 통틀어 감싼다는 것은 '난 못난 데가 없네', '난 최고야'라고 생각하는 것이 아니라 '이게 나지' 하면서 가볍게 넘기는 것이다. 한마디로 나에 대해 '좋다', '나쁘다'의 판단을 내리지 않는 중립적인 감각이다.

그러한 감각이야말로 가치 있는 자신을 인정하는 것이다. 그러나 아무리 노력해도 당신에게 가치가 없는 것처럼 느껴진다면 비장의 방법이 하나 있다.

'자신이 가치 있다고 쳐라.'

100% 믿지 않아도 좋으니 일단 자신에게 가치 있는 척하며 살아보는 것이다. 그렇게 생활해보기 바란다. 이미 많은 사람이 그 효과를 몸으로 느꼈다. 아마 당신을 둘러싼 모든 것에 변화가 생길 것이다.

'스킬 업'보다 상위에 있는 것은 '챠밍 업'?

"스킬 업은 빠져나갈 구멍이야."

내 친구이자 사업가인 혼다 고이치 씨가 이런 말을 해서 깜짝 놀란 적이 있다. 처음에 들었을 때는 자칭 백수(?)라는 그가 스킬 업이 뭔지 모르고 하는 말이 아닐까 생각했다. 그런데 찬찬히 이야기를 들어보니 지당한 말이라는 생각이 들었다. 하고 싶은 일을 하기 위해 전문 스킬을 갈고 닦는 것은 사업에 필수적이며 인생의 즐거움으로 직결되기도 한 다. 그런 뜻에서 스킬 업은 아주 훌륭하다.

그러나 사람은 때때로 '스킬을 더 익히지 않으면 인정받을 수 없어', '스킬을 가꿔야 사랑받을 수 있어'라는 생각으로 죽을 둥 살 둥 스킬을 올리려고 할 때가 있다.

다시 말해 자신을 있는 그대로 받아들이지 못하고 있다. 현재 상태에서 행복해지지 못하리라 단정하고 있다.

사실은 지금 모습 그대로 충분한 존재인데도 제자리걸음하는 것이 무서워 받아들이지를 못한다. 그래서 이런 생각에 빠진다.

'스킬 업 하지 않으면 인정받지 못할 거야.'

'스킬 업 하지 않으면 완전히 망할 거야.'

스킬 업에 너무 집중한 나머지 있는 그대로 받아들여지고 사랑받는 것에서 도망치는 경우가 상당히 많다는 것이다.

나는 중2 때 악기 상가에서 이 이야기를 들었을 때 받았던 충격이 떠올랐다. 물론 스킬 업은 중요하다. 일정 수준에 도달하지 않으면 비즈니스가 되지 않는다. 그러나 어떤 분야에서 정상에 오르거나 다른 사람보다 몇 배 더 많은 돈을 벌려고 할 때는 기술적인 부분보다 그 사람이 가진 가치, 다시 말해 매력으로 승부할 수밖에 없다. 그 사실을 뼈저리게 느꼈다.

아마 시청자들은 기타를 잘 치는 사람이 아니라 방송에 나온 기타리스트의 음색을 더 듣고 싶을 것이다. 아이돌이 부르는 훌륭한 노래보다는 그 사람이 짓는 미소를 보고 싶을 수도 있다. 아티스트든 아이돌이든 그들은 잘난 기술보다는 개인의 매력으로 승부한다.

당신이 어떤 일을 하든 상관없이 성과를 올리고 싶다면 '당신에게 사고 싶어!', '당신이 해줬으면 좋겠어!'라고 생각하게 만드는 것이 중요하다. 그리고 그것은 자신의 가치를 스스로 '인정하는 것'에서 출발한다. 만약 스스로 가치가 없다고 느껴진다면 당신이 아무리 뛰어난 서비스를 제공한다 한들 그것은 가치를 잃고 만다. 반대로 똑같은 서비스를 취급하면서 그 가치를 인정한다면 가격을 높게 잡아도 문제없다. 그렇다. 비즈니스는 '무엇을 제공하는가'가 아니라 '누가 제공하는가'로 판가름 난다.

곧 '매력'이 수단인 셈이다.

수입을 늘리고 싶다면
'능력'은 별개의 문제다

중학교 2학년이던 어느 날, 나는 집에서 음악 프로그램을 보고 있었다. 그때 문득 방송에 나오는 기타리스트보다 악기 가게 주인 솜씨가 훨씬 더 좋을 것 같다는 생각이 들었다. 그와 동시에 돈은 방송에 나오는 사람이 분명 더 많이 벌 것 같다는 생각도 들었다.

이튿날, 나는 악기 상가에 가서 물어봤다.

"아저씨, 기타 잘 치는 사람이 흔한가요?"

그 악기가게 아저씨는 "널렸지!"라고 말해주었다. '기술이 뛰어난 순서대로 돈을 버는 것은 아니다', '기술과 수입은 그다지 비례하지 않는다'라는 세상의 구조를 하나 알게 된 순간이었다. 실제로도 그렇다.

- 기타리스트의 수입은 기타를 잘 치는 순서가 아니다.
- 가수의 수입은 음정이 정확한 순서가 아니다.
- 셰프의 수입은 요리 기술이 뛰어난 순서가 아니다.
- 카운슬러의 수입은 화술이 뛰어난 순서가 아니다.
- 또한 학력이 높은 순으로 돈을 버는 것도 아니다.

기술이나 능력은 수입과 직결되지 않는다. 그런데 어른이 되어 주위를 둘러보면 전문 분야의 스킬과 수입은 정비례한다고 생각하는 사람이 많은 듯하다. 내가 스킬은 훨씬 좋은데 왜 저 녀석이 더 잘 버냐며 조바심을 내는 사람도 있다.

내가 하고 싶은 일이라서,

탐구하고 싶은 일이라서,

목표로 하는 일이라서.

이러한 이유로 전문 분야의 스킬을 높이는 것은 좋다. 하지만 만약 목적이 돈을 벌기 위해서라면 이야기는 달라진다.

- 돈을 벌기 위한 기술 단련하기.
- 돈을 잘 버는 사람과 어울리기.
- 돈이 벌리는 문을 많이 만들기.

이런 식으로 돈을 버는 것이 목적이라면 기술 향상에 연연하지 말아야 할 때도 있다. 기술 향상과 돈을 버는 일은 직접적으로 관계가 없을 때도 있으니까.

인생은 '시급제'라는 생각에서
당장 벗어나라

만약 당신이 금전적으로 여유를 갖고 싶다면?

만약 당신이 수입을 단숨에 올리고 싶다면?

'시급제에서 벗어나라.'

이 사실을 명심해야 할 것이다. 돈을 시급으로 받는다는 생각을 하는 한, 금전적인 여유에는 한계가 있다. '수입＝노동 시간.' 위와 같은 공식을 머릿속으로 세워놓으면 절대 여유를 느낄 수 없다. 일하는 시간에는 한계가 있기 때문이다.

예컨대 월 200만 원을 버는 사람과 월 2,000만 원을 버는 사람이 있다. 월 2,000만 원을 버는 사람이 월 200만 원을 버는 사람보다 10배 더 많은 시간을 일하거나 노력할까? 아니, 그런 일은 없고 그럴 수도 없다. 오히려 월 200만 원을 버는 사람이 월 2,000만 원을 버는 사람보다 더 많이 일하는 경우가 허다하다.

자, 어떻게 해야 시급제 인생에서 벗어날 수 있을까? 우선 이렇게 생각해보길 바란다.

수입은 당신이 일한 시간의 대가가 아니다.

당신이 부여한 가치이자 세상에게 받은 감사의 양이다.

우리는 시간이 아니라 가치를 파는 것이다.

돈을 많이 번다는 것은 그만큼 보답받는다는 증거다.

이렇게 의식하기만 해도 돈에 대한 가치관이 달라진다. 더불어 일에 대한 가치관도 달라질 것이다.

'나는 월급쟁이라 일을 하든지 안 하든지 어차피 받는 돈은 똑같고 남들에게 감사받을 일도 없어.'

이런 생각은 단단히 잘못되었다. 어떤 일이든 필요가 있기 때문에 존재한다. 어떤 일이든 사람에게 도움을 주고, 그 도움으로 기뻐하는 사람이 있다. 누군가에게 감사를 받고 있기 때문에 당신이 일해서 돈을 버는 것이다. 감사하는 사람이 눈에 잘 보이지 않는다 할지라도 한 번쯤은 자신이 하는 일이 누구를 기쁘게 하고 누구에게 도움이 되고 있는지 생각해보기 바란다. 그러면 자신의 시간을 할애해서 시급제로 일한다는 생각에서 벗어날 수 있다. 또한 기쁨의 대가를 받는다는 사명감으로 일하는 사람에게는 돈이 제 발로 모여든다.

자신이 누군가에게 도움을 주고 감사받으며 일한다는 사실을 아는 사람은 그 대가로 돈을 받는다는 마음이 있기 때문에 자기긍정감이 부쩍 오른다. 따라서 일을 할 때 기쁨과 자긍심이 생기며 그것이 자연스레 얼굴에 나타나 일이 점점 더 잘 풀린다. 정해진 금액을 받는 회사원일지라도 어느새 월급이 오르고, 회사를 차린 사람일지라도 전과 비교할 수 없는 대가를 얻을 것이다.

모든 구역에서 '마블 히어로'가
될 필요는 없다

'왠지 인정 못 하겠어.'

'난 구제 불능이야.'

'발끝도 못 따라가겠어.'

만약 당신이 하고 있는 일에 이런 부정적인 감정이 느껴
진다면 확인해보기 바란다. 당신이 하지 않아도 되는 일을
하고 있지는 않은가?

예컨대, 초밥 장인이 "난 초밥은 만들 수 있지만 초밥집
은 설계하지 못하니까 초밥 장인으로서 자격 미달이야"라
는 말을 한다면, '응? 왜 그것까지 해?'라는 생각이 들 것
이다.

세상에는 이렇게 혼자서 전부 다 해내겠다는 생각을 가
진 사람이 의외로 많다. 직장에서 무슨 일을 시켜도 척척 해
내는 마블 히어로가 있다고 믿는 사람처럼 말이다. 그러나
그런 마블 히어로들도 하나부터 열까지 전부 다 스스로 할
리는 없다. 이것저것 능수능란하게 하는 것처럼 보여도 자
질구레한 일은 비서나 보조에게 부탁하는 식으로 자신의

능력을 발휘하는 사람이기 때문이다.

그런 일보다는 인생의 효율을 높이는 것이 중요하다. 먼저 주변의 시야를 가리고 자신의 일에만 집중하자. 모든 일을 혼자서 해낼 수는 없다. 아니, 아무리 유능한 사람이라도 혼자 할 수 있는 일은 아주 조금밖에 없다. 그렇게 생각을 전환하면 신기하게도 능률이 오른다.

자신이 없는 일은 잘하는 사람에게 맡기고, 자신이 해야 할 일에만 집중하는 것이 바람직하다.

나의 경험에 비추어보면 곤경에 처했을 때 혼자 짊어진 채 안간힘을 쓰는 것만큼 답답한 일이 없다.

가끔 "못하는 게 없으시네요"라는 말을 듣고 뿌듯해하는 사람이 있다. 하지만 이런 사람들이야말로 주의가 필요하다. 성공하면 할수록 타인에게 부탁하지 못해 몸만 망가지기 때문이다. 길게 보면 남의 도움을 받아 다 같이 성공하여 즐겁게 사는 사람이 무적無敵이다.

자신이 하지 않아도 되는 일까지 관여해 남의 일을 뺏고 있지는 않은가?

자신의 무대가 아닌 곳에서 활약해보겠다고 스트레스를 받고 있지는 않나?

남을 믿자.
남에게 맡기자.
가끔은 폐를 끼치자.

당신이 하지 못하는 분야나 자신 없는 분야가 있다면 그것을 자석 삼아 누군가의 힘을 빌리거나 연결될 수 있다. 혼자서 일을 하면 한계가 있지만 타인과 협력하면 상상 이상으로 큰 힘이 발휘된다.

'갈등'은 사랑으로 가기 위한
가장 완벽한 '스타트'

내가 상담이나 세미나를 하면서 100% 확신하는 사실이
있다. 모든 행동은 사랑에서 비롯된다는 것이다.

도박 중독도,

알코올 중독도,

바람을 피우는 것도,

일 중독도,

어떤 상황에서 무슨 짓을 저질렀든 파헤쳐 보면 반드시
둘 다 밟는 갈등이 있다. 그리고 결국에는 '사랑'이라는 한
가지 목적으로 도달하게 된다. 나는 지금까지 많은 사람을
지켜보면서 이를 100% 확신할 수 있었다.

멋있는 말을 하려는 것이 아니라 수많은 사례를 겪으면
서 절로 믿게 되었다는 뜻이다. 세상에서 말하는 일반적인
정답과 오답에 끼워 맞추려고 한들 해결되지 않는다. 나는
그 사실을 뼈저리게 느꼈기 때문에 어떤 상태에 놓인 사람
이든 함부로 판단하지 않는다.

이건 된다, 저건 안 된다.

이건 착한 일, 저건 나쁜 일.

이 사람은 착하지만 저 사람은 나쁜 사람.

어느샌가 이런 판단을 전혀 내리지 않게 되었다. 어쩌면 내가 편견을 갖고 있지 않기 때문에 사람들이 고민을 털어놓는 것일지도 모르겠다.

당신이 만약 어떤 중독에 빠졌거나 눈앞의 현실 때문에 고통스럽다면 무턱대고 질책하거나 내치지 말고 한번 생각해보기를 바란다.

○ 나는 무슨 목적 때문에 이러는 걸까?

○ 나는 무엇을 원해서 가고 있는 걸까?

당신이 결점이라고 느끼거나 고쳐야 할 부분이 사실은 진정으로 원하는 목표를 이루기 위해 움직이고 있는 마음임을 깨달았으면 한다.

◦ 당신이 한심한 행동으로 이루려는 것은?

◦ 당신이 그런 행동을 하여 얻으려는 것은?

자신의 내면에 있는 모든 자아는 당신의 행복을 위해 존재한다. 일단 그렇게 믿어보라.

또한 눈앞에 놓인 과제를 마주할 때는 긍정적인 요소로 눈을 돌리기 바란다. 위험을 피하고자 하는 인간의 본성 때문에 부정적인 요소만 보이기 때문이다. 그 선택을 할 때 원래부터 있던 장점, 그것이야말로 당신을 진정한 목적으로 데려가기 위한 강력한 수단이다. 따라서 눈앞의 문제가 당신을 방해하는 느낌이 든다면, 그 문제로 얻을 수 있는 장점에 주목해보자.

"저답게 살고 싶어요!"

"하고 싶은 대로 살고 싶어요!"

만약 당신이 이런 이유로 찾아왔다면 나는 말하고 싶다.

"이제 그만 자신의 매력을 받아들이면 어떨까요?"

그러면 당신은 반론한다.

"아니, 제가 무슨 매력이 있어요?"

그럼 이번엔 이렇게 말하고 싶다.

"자꾸 그렇게 편하게 생각하고만 있을 거예요?"

(자꾸 정곡을 찔러서 미안합니다!)

정말 중요한 것은 다음과 같다.

- 자신의 매력 인정하기.
- 자신의 가치 받아들이기.
- 자신의 위대함에 굴복하기.

착각은 금물이다. 이것들은 생각 없이 내뱉은 조언이 아니기 때문이다. 이래 봬도 사실 아주 힘든 일에 속한다. 왜냐하면 꿈만 가득 찬 사람이나 나르시시스트로 보일뿐더러, 자기긍정감이 낮은 사람 눈에는 넘사벽으로 비칠 수 있어서다.

'나는 진짜 대단한 것 같아'라고 생각하는 나와 '그럴 리가 없어'라고 부정하는 나의 싸움이 시작된다. 결국은 내가치가 낮다고 쳐야 마음이 편한 것이다. 그렇게 해야 튀지않고 미움받지 않으며 공격받지 않는다. 게다가 노력하지않아도 된다. 자신이 바라는 방향으로 가지는 못하겠지만 마음만은 편하다. 그런 이유로 우리는 자신의 매력을 받아들이지 못하고 자꾸 도망치려 한다. 그리고 성가시게도 "저는 아직 멀었죠"라는 겸손을 미덕으로 친다. 당신이 그러한 태도를 취하면 "정말 겸손하시네요", "아직 멀기는요"라는 평가를 받을 수도 있다.

그래도 당신에게 굳건히 말하고 싶다.

"자꾸 그렇게 겸손한 척 도망갈 거예요? 자기 매력이 뭔지 깨닫고 표현할 줄 몰라요?"

(자꾸 정곡을 찔러서 미안합니다!)

당신이 자신만의 매력을 살려 이 험한 세상을 살아가려면 스스로의 가치를 인정하지 못한 채 도망쳐서는 안 된다.

- 자신의 매력을 인정하고 삶 속에서 발휘하는 것.
- 나는 매력 있는 존재라는 믿음을 발휘하는 것.
- 그것이야말로 당신이 달성해야 할 '책임'이다.

4.

나답게 사는 용기가
인생에 마법을 부른다

온전히 나로
세계를 채우는
'태도 연습'

인생의 좋고 나쁨은
오로지 동심이 결정한다

아기는 웃을 때나 울 때나 온 힘을 다한다. 자신의 행동이 누군가에게 폐를 끼친다거나 미움을 받는다거나 기쁨을 준다거나 하는 생각은 눈곱만큼도 하지 않는다. 울고 웃고 자고 움직이고…, 눈치 보지 않고 마음껏 행동한다. 흥미로운 물건을 발견하고 신이 나서 웃는 모습을 보면 보는 사람까지 행복해진다. 우리 모두 신이 나서 들썩이던 아기 시절의 과거가 있었기 때문이 아닐까?

그렇다. 누구든 아기 시절이 있었다. 눈에 보이는 것이 온통 신선해서 언젠가 마법을 부릴 수 있으리라 믿었다. 아니, 어른이 되면 세일러문이 될 줄 알았다. 당신 안에 들어 있던 동심. 사라져버린 듯하지만 아직 완전히 사라진 것은 아니다. 당신이 교묘하게 잘 숨겼기 때문에 없다고 느껴질 따름이다.

스스로에게 이런 질문을 던져보기 바란다.

언제부터 그랬을까?
우리에게 묘하게 어른티가 나기 시작한 것은.
언제부터 그랬을까?

아이처럼 떠드는 게 부끄럽다고 느끼기 시작한 것은.

언제부터 그랬을까?

좋아하는 일을 하면 안 된다고 느끼기 시작한 것은.

언제부터 그랬을까?

남들처럼 행동해야 한다고 생각하기 시작한 것은.

아이로 남아 있기를 포기한 사건이나 장면이 떠오른다면 자신에게 이렇게 말해보기 바란다.

'좋아하는 일을 마음껏 해봐.'

'무엇도 포기할 필요는 없어.'

'되고 싶은 대로 돼도 돼.'

'행복해져봐. 지켜볼게.'

인생은 어른이 된다고 무미건조해지는 것이 아니다. 하물며 마음을 억지로 누를 필요도 없으며 세상의 정의를 자신에게 끼워 맞추지 않아도 된다. 일일이 다 따지고 있으면 당신의 인생은 눈 깜짝할 새에 무미건조해진다.

그 상태에서는 당신의 모습을 마음껏 발산할 수 없다. 당신을 이루는 대부분은 당신 안에 있는 동심에서 비롯되기 때문이다. 무슨 일이든 흥미진진하게 행동하는 아이들의 마음으로 움직일 때, 남의 마음을 움직일 수 있고 어떤 일이든 끝까지 달성할 수 있다.

동심이란 100% 순수한 재능과 매력의 덩어리다. 세상을 무대로 활약하는 사람, 당신 주변의 매력적인 인물들을 떠올려보자. 아이 같은 면모를 갖고 있지 않나? 아이처럼 즐기는 모습을 보면 누구라도 매력을 느끼고 자연스레 미소를 지을 것이다.

자신을 억누르지 말자.

폼 잡지 말고 즐기자.

어른인 척 말고 방방 뛰자.

그렇다. 어른도 있는 그대로 즐기고 방방 뛰며 살면 자연스레 행복이 드리울 것이다. 당신 안에도 천진난만하고 아이 같은 면모가 반드시 있다. 그런 모습을 많이 보일수록

155

당신은 널리 퍼질 것이다. 이제 당신의 모습을 밖으로 드러내자. 당신을 세상 속에 마음껏 표현하기 바란다.

진짜 싫다면 NO! 일단 겁나면 GO!

자신의 인생을 온전히 살려면 '나답지 않은 일'을 당장 그만두어야 한다. 앞서 언급했지만 성과를 내거나 성공을 하려면 '해야 할 일'을 생각하고, 행복해지거나 자아를 찾으려면 '하지 말 일'을 구분해야 한다.

가기 싫은 술자리에 가거나, 만나기 싫은 사람을 만나거나, 들기 싫은 동호회에 들거나. 이런 일은 지금 당장 그만둬야 한다. 그런데 중요한 포인트가 하나 있다.

싫으면 그만둬야 하지만 겁이 나면 해보는 것이다.

우리는 싫다는 감정과 겁이 나는 감정을 비슷하게 취급하기 쉽다. 그러나 완전히 별개다. 싫다는 감정이 느껴지면 단호하게 그만둬야 하지만 겁이 나면 해보는 것이 좋다. 왜냐하면 겁이 나는 일이란 해보고 싶은 일이라는 뜻도 되기 때문이다. 그것은 기대하는 마음이라고 생각해도 무방하다.

예를 들어 롤러코스터를 싫어하는 사람은 질색하는 목소리로 "아, 진짜 싫어"라고 말한다. 그런데 롤러코스터를 무서워하는 사람은 "너무 무서워! 나 안 탈래!"라는 식으로 말한다. 말투에서 설렘이 느껴지지 않나? 겁이 난다는 것은 해보고 싶다는 센서가 반응했다는 뜻이니 꼭 도전해보기 바란다.

사실은 나도 겁이 나는 일에 도전해서 인생이 크게 바뀐 적이 있다.

몇 년 전 오사카에서 지인들 30명 정도가 모여 밥을 먹고 있는데 그중 한 사람이 말했다.

"내일 다케다 와헤이 씨 만나."

당시에 나는 다케다 와헤이♣ 씨가 누군지 잘 알고 있었다. 하지만 만난 적은 없었기 때문에 '나도 가도 돼?'라고 묻기가 겁이 났다. 그 식당에 2시간 반 정도 있었는데 내내 초조해하며 말이 떨어지지 않아 안절부절못하고 있었다. 그러다 2시간 21분쯤 지났을 때 가까스로 용기를 쥐어짜 "나도 가도 돼?" 하고 물었다.

그렇게 이튿날, 나는 다케다 씨를 만나러 갈 수 있었다.

♣ 다케다제과의 경영자이자 일본 제일의 개인 투자가.

그때부터 아는 사람들이 바뀌고 사업이 번창했다. 그뿐 아니라 내면적으로도 폭풍이 몰아치듯 변화가 일어났다. 그때 냈던 작은 용기가 인생을 바꾼 것이다. 겁이 나서 전전긍긍하다 용기를 내 물어보기를 정말 잘했다고 생각한다.

만약 당신이 해야 할지 말지 고민이 된다면 한번 질문을 던져보아라. '싫은가', '겁나는가.' 그리고 다음과 같이 정해두면 중요한 순간에 판단 미스를 하지 않는다.

하기 싫은 일에는 힘을 쏟아붓지 않는다.
하지만 겁나는 일에는 살짝 용기를 내어본다.

'싫으면 NO! 겁나면 GO!'를 잊지 말자.

득이 되는 '과대평가'와 독이 되는 '과소평가'

'하려고 했는데 시작을 못 했어.'

'꾸준히 하려고 했는데 관뒀어.'

처음에는 꼭 하겠다며 굳게 다짐했는데 결국은 시작도 못 하고 끝나는 경험. 누구나 그런 경험이 있을 것이다. 나도 몇 가지 된다. 상당한 천재가 아니고서야 누구에게나 흔한 일이겠지만, 그 일에 대해 어떤 태도를 취하느냐에 따라 삶은 달라진다. 가장 피해야 할 태도는 포기했다고 자신을 질책하는 것이다.

'그렇게 마음먹었는데 포기하다니 난 정말 글렀어.'

절대로 이렇게 생각하면 안 된다. 자신을 음식물 쓰레기 취급하는 것이나 마찬가지기 때문이다. 그럴 때야말로 '이럴 때도 있고 저럴 때도 있는 거지'라고 생각하길 바란다.

성공하지 못했다고 자신을 탓하지 마라.

자신을 책망할 만한 재료를 찾지 마라.

자신을 위한 일 때문에 질책하지 마라.

이와 마찬가지로 우리는 자신의 지식이나 능력을 과소평가하는 경우가 자주 있다. 자신을 위해 그렇게 열심히 해왔던 일을 없던 일로 치거나 별 볼 일 없다고 생각하며 말이다. 하지만 그런 생각은 버려라. 성공하지 못했다고 자신을 매도하거나 과소평가하는 행위는 노력해온 자신을 괴롭히는 것이나 마찬가지다. 아마 마음속에서 외치고 있을 것이다. '내가 널 위해 이렇게 열심히 하는데!'라고. 이제부터는 지금껏 해왔던 일을 보고 제대로 평가해주자.

당신은 관심 분야에서 열심히 공부했다.

당신은 지식을 쌓기 위해 많은 책을 읽었다.

당신은 롤모델과 닮기 위해 세미나를 다녔다.

당신은 타인의 마음을 치유하는 방법을 익혔다.

당신은 돈을 많이 버는 방법을 스스로 터득했다.

당신은 부모님과 화해하는 방법을 깨달았다.

당신은 고객을 잘 돌려보내는 방법을 배웠다.

당신은 영업이 잘되는 비결을 연구했다.

당신은 타인의 가능성을 믿어줄 줄 안다.

당신이 아는 것, 당신이 할 수 있는 것. 그것들을 모르거나 하지 못하는 사람은 많다. 그런데도 당신은 당연한 일이라며 과소평가한다. 시간을 들여서라도 지금 당신의 지식이나 경험을 되돌아보기 바란다. 늘 자신에게 내렸던 과소평가에서 벗어나보는 것이다.

당신은 지금껏 상당한 노력을 해왔다. 능력과 지식을 얻기 위해 시간과 돈을 투자했고, 질투하고 질투 받으며 노력해왔을 것이다. 당신보다 능력이 뛰어나거나 지식이 풍부한 사람도 많다. 조금은 우쭐해져도 좋다. 당신이 그동안 노력한 결과이기 때문이다.

스스로에게 조금만 더 친절한 태도를 취해라.
고급 호텔 카페에서 우아하게 홍차를 마셔보자.
분위기 좋은 가게에서 마사지를 한번 받아보자.
자신을 위해 예쁜 구두나 근사한 모자를 사보자.

이렇게, 가끔은 우월감에 빠져도 좋다.

자신의 한계점을 높이는 말을
은근슬쩍 주입하라

당신의 주변에는 당신의 한계점을 높여준 사람이 있는가? 나에게는 있다.

먼저 내 한계점을 높여준 사람 중에 택배원이었던 친구 이야기를 소개하겠다. 이 친구는 그 후 심리상담사로 방송에 나와 한 세대를 풍미했고, 50세가 넘은 나이에 유명 콘서트홀에서 단독 공연을 가졌다. 아니? 심리상담사가 공연을? 대체 무슨 영문인지 알 수 없었던 나는 진상을 확인하기 위해 단독 공연을 찾았다. 그리고 택시를 타고 공연장 앞에 내린 순간 깜짝 놀랐다.

"뭐야, 이거! 완전히 가수 콘서트잖아!"

같이 간 혼다 고이치 씨와 이야기를 했다. 실제로 공연을 보니 더 놀라웠다. 믿기지 않을 만큼 멋있었고 무엇보다 감동을 받았다. 그러나 아무리 활동 10주년 기념에다 전국 방송을 탄 사람이라고 해도 콘서트홀에서 단독 공연을 하다니 만화에나 나올 법한 이야기가 아닌가?

이 경험을 통해 나는 착각일 수도 있지만 이렇게 느꼈다. '내가 바라는 일은 생각보다 더 간단하게 이룰 수 있지 않을까?' 그도 그럴 것이 우리가 바라는 대부분의 일은 단독 콘서트보다야 실현하기 쉬울 것이기 때문이다. 이렇게 꿈을 이룬 사람을 직접 두 눈으로 똑똑히 보고 났더니, 나도 꿈을 더 크게 가져도 될 것 같다는 생각이 들었다. 사실 이 택배원은 유명한 심리상담가 고코로야 진노스케 씨의 사례다. 그러니 조금 더 현실적으로 한계점을 높여준 친구 이야기를 소개하겠다.

어떤 친구와 밸런타인데이 날 남자 둘이서 콘서트를 보러 갔던 적이 있다. 솔직히 나는 그 콘서트에 손톱만큼도 관심이 없었는데 친구가 그 콘서트 주최자를 나에게 소개하고 싶다기에 보러 갔다.

공연장에 도착해 무거운 문을 힘겹게 열자 3,000석 정도 되는 관객석이 거의 꽉 차 있었다. 인기가 상당하다며 영화관처럼 좁은 자리에 친구와 둘이 나란히 앉았다. 자리에 잠시 앉아 있자 알림음과 함께 공연이 시작되었다. 먼저 그 콘서트의 사전 설명을 시작하는 듯했다.

사회자가 말을 시작한 지 1, 2분 정도 되었을까. 슬쩍 옆자리를 봤더니 친구가 이미 곯아떨어져 있었다. 굳이 나를 끌고 와서는 연주가 시작되기도 전에 자다니. 친구는 콘서트가 끝날 때까지 한 번을 일어나지 않았다. 나는 이런 친구를 보며 '아, 이래도 괜찮구나!'라는 생각이 들었다. 어떤 사람들은 초대해놓고 먼저 잠들어버리는 친구의 행동이 실례된다고 생각할지도 모른다. 그런데 나는 이 사람을 보고 '아, 이렇게 행동해도 되는구나'라는 사실을 깨달았다. 나 자신에게 이래도 된다는 허락을 할 수 있게 된 것이다.

여기서 타인을 보고 자신에게도 허락을 내릴 수 있다는 점이 중요하다. 지금껏 해보지 않은 선택을 해도 된다고 허락하면 선택지가 확 늘어나기 때문이다.

나에게는 월세가 1,000만 원이 넘는 집에 사는 친구가 몇 명 있다. 그런 친구들을 봐도 '아, 이래도 괜찮구나'라는 생각이 든다. 상식적으로 1,000만 원은 고수입이다. 월급 몇 백만 원 받겠다고 열심히 일하는 사람도 있는데, 이들 월급으로는 월세도 내지 못하는 셈이다. 이런 사람들을 만나면 내 한계점을 깨닫고 이를 해제할 수가 있다. '아, 이래도 되는구나!', '월급 5,000만 원도 있구나!'

이렇게 자신의 한계점을 높여주는 사람이 당신 주변에 있는가? 만약 있다면 그 사람은 당신에게 귀한 존재다.

그 사람들을 보고 '난 저렇게 못 해' 기죽을 필요도, '뭔가 잘못됐어' 하면서 부정할 필요도 없다. 그저 이럴 수도 있겠다며 받아들여보는 것이다.

그러면 지금까지 자신이 알던 상식이나 당연한 일들이 조금씩 무너진다. 무너진 상식 너머로 가능성이 펼쳐지고, GO 사인을 낼 수 있게 되는 것이다. 우리가 당연하다고 여겼던 것들은 사실 우리가 태어난 환경 속에서 본 작은 세상의 상식일 뿐이지, 세계에서 통용되는 상식은 아니기 때문이다.

자신이 설정한 마음의 한계점이 높아질수록 사람은 자유로워진다. 그러니 '이것도 말이 되는구나' 싶은 순간을 귀하게 여기기 바란다.

가끔은 근거 없는 예감에
목숨을 걸어도 좋다

인생을 돌아보면 '영 아니었어'라고 느낄 때가 있는가
하면, '그럭저럭 잘됐지' 하고 느낄 때도 있을 것이다. 냉정
하게 현재 그럭저럭 행복하지만 더 잘될 거라는 근거 없는
확신을 가진 사람도 많다.

'나는 훨씬 더 잘될 수 있어!' 하고 느끼는 당신,

'나한테 어울리는 곳이 있을 거야!' 하고 믿는 당신,

'나에게는 가능성이 숨어 있어!' 하고 기대하는 당신.

근거 없는 확신이 마음속에 끓어오른다면 그 감정을 소
중히 여겨야 한다. 그 확신이 바로 당신을 새로운 무대로
데려가줄 나침반이기 때문이다. 당신이 느끼는 그 확신을
직접 실현하려면 자신의 발을 다음 무대로 데려가야 한다.
사실 이 다음 무대란 지금까지 걸어온 길의 연장선상에 존
재하지 않는다. 그 무대는 '컴포트 존comfort zone'이라 불리
는 자신의 안전지대 밖에 있다. 당신의 다음 무대는 이러한
감정의 영역에 존재한다.

'타인에게는 평범하지만 나에게는 두렵다고 느껴지는 것.'

'마음은 굴뚝 같지만 이유를 둘러대 못 하겠다고 하는 것.'

나도 그랬다. 내 강좌나 강연회를 찾아 컨설팅을 받는 사람들은 상상하기 어렵겠지만, 나는 죽었다 깨어나도 말하는 직업과는 어울리지 않는다고 믿고 있었다. 1 대 1로 대화하기도 어려운데 하물며 수많은 사람 앞에서 강연을 한다? 상상만 해도 소름이 돋았다.

정말 그런 줄만 알았다. 지금은 이렇게 강좌를 열거나 강연을 하고 있으니 내가 다른 사람과 이야기하는 직업에 어울리지 않는다며 고민했던 일들이 꿈처럼 느껴진다. 당시에 아무 대응도 하지 않았다면 지금 이런 일을 하지 않았을 테고, 이 일로 알게 된 새로운 사람들도 만나지 못했을 것이다. 정말이지 용기를 내서 천만다행이다. 내가 마음속에 숨어 있던 용기를 쥐어 짜낸 덕분에 이렇게 좋은 재능을 발휘할 수 있었다.

지금 당신이 손사래 치며 멀리하는 일일수록 몇 년 후에는 제일 잘하는 일이 될지 모른다. 그리고 2, 3년 후에는 진

4. 나답게 사는 용기가 인생에 마음을 부른다

짜 내가 할 수 있을지 몰랐다고 웃으며 이야기할 것이다.
그러니 용기를 내보자. 물론 이런 말 한마디에 용기를 내는
사람이 얼마나 되겠는가? 여기서 내가 가끔 되풀이해 읽는
말을 한번 소개하겠다.

당신의 인생은 짧다.
다른 사람의 인생을 살며
낭비할 시간은 없다.

타인이 도출한 결과를
따라 사는 늪에 빠지지 마라.
타인의 시끌벅적한 의견들 속에
자신의 목소리를 파묻지 마라.

인생에서 중요한 것은
마음과 본능에 따라 사는
그런 용기를 갖는 것.
그것 말고는 뒷전에 두어라.

'들여오기'만큼 중요한 것이 바로
'내보내기' 습관

"이봐! 거기 중졸!

학력도 없고 자격도 없으면서

요즘 좀 잘되는가 본데!

대체 비결이 뭐야!!

안 가르쳐주면 손톱으로

칠판 긁는 소리 낸다!"

그런 협박을 받는다면 나는 주저 없이 비결을 밝힐 계획이다. 그 비결은 바로 '뉴스레터'♣를 보내는 것이다.

혹시 겨우 그게 다라고 생각했는가? 뉴스레터 연재는 매출을 올림과 동시에 가볍게 시작할 수 있으며 브랜딩을 할 수 있는 등 여러 가지 장점이 있다. 그리고 무엇보다도 아웃풋을 할 수 있다는 사실을 가장 큰 장점으로 꼽을 수 있다.

나는 뉴스레터를 쓰기 시작한 후로 내가 얼마나 성장했는가를 절실히 느끼게 되었다. 이렇듯 우리네 인생에는 배울 수 있는 기회가 다양하게 있다. 그때마다 무언가를 새로

♣ 어떤 개인이나 단체가 최신 정보를 전달하기 위해 발행하는 연속 간행물.

시작하기도 한다. 또한 가꿔온 생각을 수시로 아웃풋할 수 있는지의 여부에 따라 습득과 성장에 무시무시한 차이가 생긴다.

비슷한 능력으로 비슷하게 배우고 나이까지 비슷한 남성 2명이 있다. 한 남성은 뉴스레터를 써서 매일 아웃풋 한다. 다른 남성은 주야장천 인풋만 한다. 이 경우에 5년, 아니 2~3년만 지나도 헤아릴 수 없을 만큼의 차이가 생길 것이다. 인풋만 하는 사람과 아웃풋까지 하는 사람은 완전히 다른 길을 걷게 된다.

사람은 인풋을 아무리 많이 했다 해도 아웃풋하는 만큼 습득한다고 생각하는 동물이다. 따라서 아웃풋을 하지 않고 인풋만 해봤자 만족스럽기는커녕 부족하다는 느낌을 받을 것이다.

비슷하게 출발했지만 결과적으로 차이가 많이 나는 사람들을 본 적이 있는가? 그 사람들은 아마 아웃풋에서 차이가 생겼을 것이다. 아웃풋을 생활화하면 배움의 속도가 눈에 띄게 빨라지는 것은 물론, 자신이 어떤 감정을 느끼는

지도 훨씬 잘 이해되기 때문이다.

○ 매일 생기는 일.
○ 자신이 해본 일.
○ 타인이 하는 일.

이런 것들을 보고 다음과 같이 생각해본다.

○ 내가 어떻게 느꼈는가?
○ 나는 무엇을 생각했는가?
○ 나는 기뻤는가, 슬펐는가?

보통은 지나치기 쉬운 마음이나 감각을 말로 표현해보면 자신이 그때 어떻게 느꼈는지를 자동적으로 돌아볼 수 있다. 그러면 자신에 대한 감도가 올라간다. 정말 중요한 일이지만 동시에 하기 힘든 일이기도 하다.

아웃풋하는 사람은 이렇게 될 것이다.

자연스레 성장이 빨라진다.

자연스레 배움이 많아진다.

자연스레 중심축이 생긴다.

물론 누구든 처음부터 글을 잘 쓸 수는 없다. 그래도 좋다. 목적 없이 쓰기만 해도 어마어마한 것들이 돌아오기 때문이다.

만약 아직 아웃풋하는 습관이 없다면 이것은 정말 손해보는 일이다. 그리고 사회생활을 한 지 꽤 오래되었다면 인풋은 아마 충분히 해왔을 것이다.

이제 무슨 방법이든 좋으니 '아웃풋하는 습관'을 들여보자. 나처럼 매일 블로그나 뉴스레터를 써도 좋고, 얻은 지식을 가르치는 자리를 마련해도 좋다. 어떻게 해서든 자신의 지식이나 기술을 순환시켜야 한다. 특히 스스로 공부나 실적이 부족하다는 생각이 든다면 일단은 아웃풋을 우선시해보기 바란다.

현재 당신이 가진 수준이나 스킬로 세상에 줄 수 있는 만큼만 주면 된다. 실력을 더 쌓은 다음에 하겠다며 기회만

엿보고 있어서는 안 된다.

지금 당장 아웃풋부터 시작하라.

그러다 보면 어느새 인생의 무대도 변할 것이다.

하나의 '과정'을 버리면 하나의 '신화'가 열린다

당신이 이 책을 펼친 이유는 무엇인가? 인생이 생각대로 풀리지 않아서? 시이하라 다카시의 팬이라서? 이유가 무엇이든 내가 하고 싶은 말은 1을 고른 사람도 2를 고른 사람도 진화하고 있다는 사실이다.

그러면 분명 이렇게 말하는 사람이 있을 것이다.

"일이 잘 풀리지 않는데 진화하는 건가요?"
"지금 정체돼 있으니까 이 책을 보겠죠!"

여기서 진화를 위한 6가지 단계를 소개하고자 한다. 그 중에는 몸으로 느끼는 것만이 아닌 내면적인 변화도 함께 포함된다. 따라서 지금 자신이 어느 단계에 있는지 파악하고 필요한 행동을 취하면 인생은 몰라보게 즐거워진다.

여기 그 가운데 4가지가 일상에서 일어난다.

앞으로 나아간다는 감각에 빠질 때가 바로 '진화進化'의 상태다. 무언가에 도전해 손쉽게 목표를 달성하고 나를 둘러싼 주변의 변화도 뚜렷해진다. 그런 시기에 당신은 진화한다고 할 수 있다. 이 시기가 지나면 다음 과제나 문제를 끌어당기는 '신화辛化'의 타이밍이 찾아온다.

또 맵고 힘든 신辛의 상황을 계기로 자신과 대면하며 '심화深化'한다. 그렇게 자신의 모습을 파헤치면서 진정한 자신을 보게 된다. 그것이 '진화眞化'다. 원래 자신이 하고 싶었던 일이나 새로운 무대로 이끌리는 느낌을 받는다. 그때가 또 다른 자신과 만날 수 있는 '신화新化'의 시기다.

이렇게 4가지 단계를 거치면 인생의 무대를 한 계단 오를 수 있다. 또 다른 무대에서의 '진화進化'가 시작되는 것이다. 그런 바이오리듬을 가지고 우리는 인생을 살고 있다.

간단하게 나타내면 이렇다.

신화神化

① 진화進化 ② 신화辛化 ③ 심화深化 ④ 진화眞化

이들 단계 가운데 눈에 띄게 앞으로 나아가는 단계는 진화進化뿐이다. 그렇기 때문에 사람들은 보통 정체되어 있는 기분에 안절부절못하게 된다. 하지만 그럴 때도 사람은 어떤 단계에 반드시 놓여 있다. 그 사실을 알았으면 한다. 우리는 항상 어떤 단계에 놓여 있고, 그 단계에서 분명히 움직이고 있다. 당신이 꽉 막힌 듯한 순간조차 항상 움직이고 있는 것이다.

진화進化하고,

신화辛化하고,

심화深化하고,

진화眞化하고 신화新化하면,

또 다른 무대에서의 진화進化가 시작된다.

이렇게 우리는 6가지 단계를 거쳐 결국 자기초월이나 원네스oneness♣로 표현되는 '신화神化' 단계에 도착한다.

여기서 중요한 점이 있다. 각 단계마다 중요시할 일이나 봐야 할 것이 다르다. 자세히 설명하자면, 어떤 단계에서 할 일이나 얻은 것을 다음 단계로 옮기면 불필요해진다는 뜻

♣ 세상 모든 것은 하나로 연결되어 있다는 의미의 단어.

이다.

예를 들어 진화進化 단계에 있는 시기에는 행동을 하면 할수록 결과가 따라온다. 마치 롤러코스터처럼 소원이 이루어진다. 이럴 때 혼자만의 시간을 가진다며 명상만 하고 있으면 무엇이든 잘 풀리는 시기에 결과가 따라오지 않게 된다.

반대로 심화深化 단계에서 과제와 직면하지 않고 돌아다니고 있으면 일은 잘 풀리지 않는다. 자신이 지금 어느 단계에 있는지를 알고 행동해야 하는 시기인지, 아니면 곰곰이 혼자만의 시간을 가져야 하는 시기인지를 구분해야 한다. 새로운 단계에 들어섰을 때 '아, 상황이 바뀌었네' 하고 느끼면서도 전 단계에서 썼던 방법을 버리지 못하는 사람들이 의외로 많다. 특히 힘든 상황을 극복하기 위해 취했던 방법일수록 오히려 손에서 놓기 싫어하는 경향이 있다.

'역시 그 방법이 날 살렸다고.'
'그렇게 한 덕분에 마음이 편해졌어.'

그것은 당신이 성공을 맛보게 한 방법이기 때문에 당연할 수 있다. 하지만 결국 잘됐던 방법일수록 새로운 단계에서 방해되는 경우가 대부분이다. 인생이 새로운 단계로 들어섰다면 지금 당장 이전 단계에서 썼던 방법을 버리고 새로운 수법을 취하자.

만화 《드래곤볼》에서 무천 도사와 싸울 때를 생각해보자. 변태 할아버지에게는 야시시한 책이 효과 만점일 수 있다. 그렇지만 상대가 악당 프리저일 때는 어떨까. 어떤 상스러운 책도 무용지물일 것이다.

롤플레잉 게임에서도 피라미들과 보스 끝판왕을 상대할 때 싸우는 방법과 장비가 달라진다. 마찬가지로 지금 당신이 어느 단계에 있는지에 따라 필요한 자세가 달리 요구되는 법이다. 전에 쓰던 방법을 놓지 못하면 단계를 오르는 속도가 확실히 떨어진다. 정체되고 있다는 불안감에 '전에는 잘 됐는데' 하며 전전긍긍할 수도 있다.

만약 지금 당신이 새로운 무대로 왔는데 어떤 정체감이 느껴진다면, 전에 쓰던 방법을 놓을 시기가 온 것은 아닐지 생각해보자.

잘됐던 방법일수록 미련 없이 버려라.

다음 단계에서 필요한 절대 방법을 구하라.

이렇게 하면 단계가 착착 진행될 것이다. 기억하자. 당신을 이 자리로 데려온 방법이라고 해서 그것이 반드시 다음 단계로 데려다주지는 않는다.

단계별 롤러코스터를 향한
'절대 반지'를 구하라

이제 자신이 어느 단계에 있느냐에 따라 해야 할 일이 달라진다. 왠지 모를 정체감이 느껴지는 이유는 지금 있는 단계와 해야 할 일이 매치되지 않기 때문이다. 그럼 각 단계에서 무엇이 필요한지 알아보자.

* '진화進化 단계'에서 필요한 것

변화가 눈에 띄게 일어나는 시기. 내면에 귀를 기울여서 '이게 정말 하고 싶은 일일까?'를 생각하기보다 직접 밖으로 나가서 행동하고 결과를 낼 필요가 있다.

나비가 활개를 치고 날아다니는 그림을 상상해보기 바란다. 눈앞에 핀 꽃과 꽃 사이를 옮겨 다니며 꿀을 빨아먹고 마음껏 날아오르는 시기다. 이 시기에 번데기 적 자신을 생각하며 나비가 되었다는 감격에 빠져 있으면, 계속해서 혼자만의 시간을 버리지 못한 채 움직이지 못하는 상황이 되고 만다.

두렵더라도 날아오르자.
이제는 번데기가 아니라 나비다.

188

이 시기에는 반드시 이런 식으로 행동을 재촉하는 말을 스스로에게 던져보기 바란다.

'뭐가 재미있어?'
'오늘은 뭘 할까?'
'그럼 다음에는 뭐 하지?'
'지금 도전하고 싶은 일 있어?'

스스로를 부추겨서 한시라도 빨리 롤러코스터를 타자. 근심 걱정 버리고 '야호!' 타고 있으면 어느새 목표점에 도달해 있을 것이다. 무조건 행동하고 즐기면 된다.

* '신화辛化 단계'에서 필요한 것

결과가 바로바로 나왔던 '진화進化' 시기가 지나면 얼핏 부정적인 일이 일어나기 마련이다. 자신과 상극인 사람이 나타나거나 사건이 일어나는 등, 지금까지 잘됐던 일들이 갑자기 꽉 막히기도 한다. 이 시기에는 지금까지 해왔듯이 억지로 밀어붙이려고 하면 엎친 데 덮친 격으로 문제가 악

화되기 쉽다. 그러나 한편으로는 새로운 무대로 가기 위한 '신화辛化' 단계기 때문에 막무가내로 굴지 말고 잠깐 멈춰서 자신과 대화하는 시간도 필요하다.

'이 일을 하면 무엇을 얻을 수 있을까?'
'내가 여기서 무엇을 배울 수 있을까?'
'무엇을 피하지 않고 맞닥뜨려야 할까?'
'이런 경험을 언제 처음 했었지?'
'그때는 어떻게 하고 싶었던 걸까?'

이런 식으로 과제와 마주할 준비를 하자. 나는 상담을 할 때 눈앞에 직면한 트러블 대부분은 눈속임이라고 말한다. 진짜 문제는 지금 일어나는 사건을 한층 파헤친 곳에 있다. 이때 눈앞에 일어나는 문제 처리에 급급해 무엇을 배울 수 있는지 보지 못하면, 그것을 배울 때까지 문제는 계속 커지기만 한다.

내 인생에서 신화辛化 시기는 반은퇴 생활을 보내던 때였다. 진화進化 시기에 꿈에 그리던 반은퇴 생활을 해본 나는 그날그날 계획이 없거나 가야 할 곳이 없다는 현실에 망연자실했다. 마치 사회와 동떨어진 듯한 느낌이 들었고, 내가 아무짝에도 쓸모없는 인간으로 생각되었다. 나는 반은퇴 생활을 시작하자마자 막다른 길에 몰린 듯한 기분이 들었다.

* '심화深化 단계'에서 필요한 것

'신화辛化' 시기에 풀어야 할 과제가 보였다면, 이제는 그 과제와 씨름을 할 때다. 이 시기에는 자신의 내면을 들여다보기 위해 책을 읽거나 명상을 하는 등 자신의 인생이 어떤 의미를 갖는지, 그 미션에 대해 생각해볼 필요가 있다. 새로운 단계로 나아갈 준비를 하는 것이다.

이 시기에는 자신의 내면을 향해 이렇게 말을 걸어보자.

'힘들 때 어떻게 하고 싶었어?'
'혹시 그때 내 목소리 잘 들렸어?'
'진짜 가고 싶은 무대는 어느 방향이야?'
'살아가는 의미나 기쁨은 어디에 있을까?'

이 시기도 전 단계와 마찬가지로 결과가 잘 나오지 않아 아무리 노력해도 벽에 막힌 듯한 느낌이 들 것이다. 매일 조용히 전진하면서 되도록 자신과 마주하고 무엇을 바라는지 찾는 단계라고 할 수 있다.

이때는 타인의 이야기에 귀를 많이 기울이지 않는 것이 중요하다. 내면의 소리에 귀를 기울이고 마음이 어떻게 동하는지 잠자코 바라볼 때다.

나는 반은퇴 생활을 보내면서 너무 고통스러웠던 나머지, 그토록 힘든 이유를 알고자 나의 내면으로 눈을 돌렸다. 그리고 사회와의 연결 고리가 없으면 가치가 없다고 생각하는 나와 끈질기게 대면했다.

* '진화眞化 단계'에서 필요한 것

그러자 그때까지 느껴본 적 없는 또렷한 감각이 내 안에서 들끓었다. 나에게는 반은퇴 생활이 맞지 않는다는 사실을 안 것이다. 그렇게 나와 마주하다 보면 '응? 끝난 건가?'라고 느끼는 순간이 반드시 찾아온다.

'신화辛化'를 거치고 '심화深化'를 지나면 불현듯 떠오르는 감각. 마치《드래곤볼》에서 손오공이 죽음에 직면할 때나 동료가 위험에 빠질 때 전투 능력이 어마어마하게 상승하는 것과 비슷하다. 고통스러워 견딜 수 없는 시기를 넘기지 못하는 한, 우리 인생의 전투 능력도 다음 무대는 꿈꿀 수 없다.

이처럼 '응? 끝난 건가?' 싶은 생각이 들었을 때가 한 꺼풀 벗겨지는 '진화眞化'의 단계다. 하고 싶은 일이 뚜렷해지고 무슨 일이든 할 수 있을 것만 같은 기분이 든다. 그때 당신은 새로운 무대로 들어갈 준비가 갖춰져 있다. 이 시점에는 하고 싶은 일이 무엇인지 더는 파헤치지 말고, 자신에게 행동을 재촉하는 말을 걸어보기 바란다.

'그래, 이제 뭘 어떻게 해볼래?'
'어떻게 원하는 방향으로 가볼까?'
'지금 내가 줄 수 있는 건 뭔데?'

실제 행동으로 옮기기 위해 앞으로 어떻게 움직일지 시

뮬레이션해보자. 분명 자신이 해왔던 낡은 수법으로는 대응할 수 없는 단계가 되어 있을 것이다. 규모가 커서 남에게 맡겨야 하거나, 새로운 일을 하기 위해 정리가 필요하거나, 원하는 결과를 얻고자 준비하는 '진화進化'의 시기.

그렇다. 한 단계 올라간 무대에서 다시 한번 롤러코스터를 탈 준비가 필요하다. 진실이 훤히 보이는데도 두려워 발을 내딛지 못하기에는 너무 아깝다. 큰맘 먹고 한번 올라타보자.

자신을, 내일을, 인생을.

때로는 '외부의 힘'이 당신의 운명을 만든다

호텔 레스토랑에서 점심을 먹던 날이었다. 이 레스토랑은 카운터에 앉아 있으면 눈앞에서 직접 고기를 구워주는 스타일인데, 드물게도 셰프가 여성분이었다. 철판구이를 하는 셰프 중에 여성은 본 적이 거의 없다고만 생각했지, 워낙 사교성이 없는 탓에 점원과 대화하는 일은 없었다. 그런데 아내가 "철판구이를 하시는 여성분은 처음 뵌 것 같아요." 하고 말을 걸었다. 이야기를 들어보니 여성 중에 철판구이를 하는 셰프는 도쿄에서도 손에 꼽을 정도로 드물다고 했다.

"왜 철판구이를 하려고 마음먹으셨어요?"

자초지종을 물었다. 그녀는 처음에는 프렌치 셰프로 시작했는데 어떤 사람이 권해서 이 길로 들어섰다고 했다.

"제가 이렇게 손님들 앞에서 철판 요리를 할 줄은 꿈에도 몰랐어요."

그 셰프는 말했다. 나는 그녀가 고기를 굽는 모습이 잘 어울린다고 느꼈다. 행동거지나 분위기가 아름다워서 썩 잘 어울렸다. 아마 천직이 아닐까? 그 모습을 보면서 새삼 생각했다.

'사람의 인생은 인연이나 흐름을 타고 있으면 자연스레 걸맞은 곳으로 흘러가게 되어 있구나.'

나 역시 중졸로 회사를 경영하게 되리라고는 생각하지 못 했고, 듣도 보도 못한 컨설턴트를 생업으로 삼게 될 줄은 몰랐다. 게다가 블로그나 뉴스레터로 몇 만 명이나 되는 사람들에게 정보를 제공하리라고는 더더욱 상상하지 못했다.

그럼에도 왠지 모르겠지만 사람들과 정보들을 접하면서 나에게 어울리는 장소로 이끌려온 듯한 느낌이 강하게 들었다.

그리고 앞으로도 계속 일어날 것만 같다. 보통 이런 일들은 외부의 힘으로 일어난다. '나에게 어울리는 무대로 반드시 데려갈 거야.' 내가 할 수 있는 일은 이렇게 마음먹는 것뿐이다.

당신 스스로를 빛나는 무대로 데려가기 위해서는
'내가 데려갈게!' 하고 자신과 약속하기만 하면 된다.

이제는 외부의 힘을 믿고 맡기는 일만 남았다. 그 힘은 때로는 빠르게, 때로는 천천히 당신을 어울리는 곳으로 데려가줄 것이다.

버릴수록 채워지는 행복 유입의 룰

당신이 있는 힘껏 세상을 받아들이고 활약하면 당신을 좋아하고 칭찬하는 사람이 늘어난다. 하지만 반대로 당신을 비판하거나 비웃는 사람도 늘어날 것이다. 신기하게도 둘 다 같이 늘어난다.

반짝이면 반짝일수록, 빛나면 빛날수록 더 많은 사람에게 영향을 주게 된다. 그러면 당신에게는 이런 일이 일어난다.

많은 사람에게 칭찬이나 응원을 받고

많은 사람에게 비판이나 조롱을 받는다.

이때 응원해주는 사람들의 기대에 부응하고자 노력하거나, 비판하는 사람들까지 만족시키려고 하면 대부분 자신의 본성을 잃는다.

따라서 리더십을 발휘할 때일수록
'자기 세계의 균형감각'을 잃지 않고
흔들리지 않게 중심을 잡아야 한다.

이때 칭찬이나 비판 모두 표리일체라는 사실을 잊어선 안 된다. 칭찬이나 응원을 받을 때는 기대에 부응해야 한다는 생각이 부담으로 다가오거나 이기적으로 작동해 소중한 친구를 잃을 수 있다. 때로는 타인의 의견을 듣지 않아 시야가 좁아지거나 감언에 집착해 자아를 잃는 일이 생길 수도 있다.

반면, 비판을 당할 때는 반발심으로 에너지가 들끓거나 오히려 행복하다는 사실을 깨닫는다. 그동안 보지 못했던 시점이 생겨 시야가 넓어지거나 도량이 넓어지는 측면도 있다. 한마디로 칭찬과 비판이 각각 반대의 효능을 부른다.

그렇기에 비판이나 칭찬이나 다를 것이 없다. 무엇보다 자신만의 열린 감각으로 세상을 산다는 의지가 가장 중요하다. 그리고 그런 순간에 행복은 슬며시 곁을 내준다.

기억하라. 개인과 세계, 모두를 가질 수는 없다. 어떨 때는 나답게 살고 싶은 용기가 인생의 마법을 부른다.

온전히 나로 세계를 채우는 '빼기 연습'

반드시 되고 싶은 대로 되어라

마지막까지 책을 읽은 당신에게 감사를 전하고 싶다. 내 이야기는 훌륭한 위치에 있는 사람들이 들려주는 내용과는 많이 다르다. 자신의 이미지를 신경 쓰는 사람들이 말 못할 솔직한 이야기도 나는 개의치 않고 말할 수 있기 때문이다. 어찌 보면 그런 면에서 인생의 비밀을 알려주기에 가장 좋은 위치에 있는 것은 아닐까?

앞에서 살짝 언급했듯이 나도 부단한 노력을 했다. 돌이켜 생각해보면 다양한 역할에 빠져 마구 흔들리며 살았던 것 같다. 완전히 정반대의 이유였다. 부모님의 기대에 부응하거나 괴짜라는 편견을 없애기 위해 혹은 부모님에게 반항하거나 돌출 행동을 하기 위해. 그런 과거의 나에게 딱 한마디만 하고 싶다.

되고 싶은 대로 되어라.

인생이란 나 자신과 환경이 같이 창조해나가는 것이다. 만약 내가 브라질에서 태어나고 자랐다면 똑같은 사람일지라도 지금과 완전히 다른 인생을 살았을 테고, 지금의 나와 완전히 다른 인격으로 성장했을 것이다. 결국에는 지금의 나보다 훨씬 더 신나게 삼바 리듬에 맞춰 춤을 추고 있을지도 모른다.

무슨 말인가 하면, '내가 바라는 나'란 개인과 환경이 완성한다는 뜻이다. 즉, 기존의 나를 버리고 환경에 변화를 가져올 때 마법 같은 결과가 따라온다는 말도 된다.

전에 지브리 스튜디오 가수가 되고 싶다던 사람이 내 강좌를 들었다. 그는 내가 "될 수 있지 않을까요?"라고 했더니 "될 수 있을 것 같아요!"라며 스스로에게 허가를 내렸다. 그리고 우연히 참가한 비즈니스스쿨에서 지브리 관계자를 만나 미야자키 하야오 씨와 연이 닿았다. 머지않아 그가 부르는 지브리 노래를 들을 날이 올지도 모르겠다.

현재 우리가 살고 있는 시대는

갖고 싶은 것을 가질 수 있는 시대,

원하는 곳에서 마음껏 살 수 있는 시대,

손쉽고 빠르게 해외를 갈 수 있는 시대,

전 세계를 상대로 거래를 할 수 있는 시대,

자신의 동영상을 올려 돈을 벌 수 있는 시대,

다양한 사람의 생각들을 배울 수 있는 시대.

어쩌면 지금 우리가 놓인 환경이야말로 세상이 되고 싶은 대로 되라고 보내준 간절한 사랑의 메시지가 아닐까. 그러니 이번만큼은 자신에게 꼭 들려주었으면 한다.

그 일이 가능한 시대에,

가능한 시점에 있기 때문에,

되고 싶은 대로 되어라.

이제 인생에 무엇을 버리고 담을지는 전적으로 자신에게 달렸다. 나는 이 책이 그런 여러분들을 위한 마지막 희망이 되길 바라고 있다.

시이하라 다카시

205

지은이

시이하라 다카시(椎原 崇)

1981년 출생. 맨손 경영의 신흥강자이자 일본의 전설적인 컨설턴트. 중학교 졸업 후 고등학교에 진학하지 않고 프로 갬블러로 월 2,000만 원을 버는 생활을 이어갔다. 그 후 한 번도 취직하지 않고 사업을 시작해 돈과 자유를 손에 넣는다. 파이어족으로 은퇴할 무렵에는 '성공'과 '행복'의 상관관계를 연구, 이 두 가지를 동시에 얻을 수 있는 독자적인 방법에 대해 연구한다. 특히 그의 개인 컨설팅은 일단 버리고 보라는 거침없는 인생 설계로 폭발적인 인기를 얻는다. 성공의 좌표를 찍어주는 강연 역시 두터운 팬층을 자랑한다. 경영자, 직장인, 학생, 주부에 이르기까지. 그의 입에서 시작되는 모든 이야기는 한 번만 들어도 인생이 변한다는 호평을 듣고 있다.

옮긴이

김소영

글을 읽고 쓰는 일을 즐겨 하여 처음 번역의 길로 들어섰다. 다양한 일본 서적을 우리나라 독자에게 전하는 일에 보람을 느끼며 더 많은 책을 소개하고자 힘쓰고 있다. 현재 출판번역 에이전시 엔터스코리아에서 일본어 전문 번역가로 활동 중이다. 옮긴 책으로는 《재밌어서 밤새 읽는 공룡 이야기》, 《프란츠 리스트》, 《30분 통계학》, 《재밌어서 밤새 읽는 유전자 이야기》, 《레이스 키리에》 등이 있다.

잘됐던 방법부터 버려라

2022년 6월 16일 초판 1쇄 발행

지은이 시이하라 다카시 **옮긴이** 김소영
펴낸이 박시형, 최세현

책임편집 윤정원 **디자인** 정아연
마케팅 이주형, 양근모, 권금숙, 양봉호, 박관홍 **온라인마케팅** 신하은, 정문희, 현나래
디지털콘텐츠 김명래 **해외기획** 우정민, 배혜림
경영지원 홍성택, 이진영, 임지윤, 김현우, 강신우
펴낸곳 (주)쌤앤파커스 **출판신고** 2006년 9월 25일 제406-2006-000210호
주소 서울시 마포구 월드컵북로 396 누리꿈스퀘어 비즈니스타워 18층
전화 02-6712-9800 **팩스** 02-6712-9810 **이메일** info@smpk.kr

© 시이하라 다카시(저작권자와 맺은 특약에 따라 검인을 생략합니다)
ISBN 979-11-6534-525-9 (03320)

쌤앤파커스(Sam&Parkers)는 독자 여러분의 책에 관한 아이디어와 원고 투고를 설레는 마음으로
기다리고 있습니다. 책으로 엮기를 원하는 아이디어가 있으신 분은 이메일 book@smpk.kr로 간
단한 개요와 취지, 연락처 등을 보내주세요. 머뭇거리지 말고 문을 두드리세요. 길이 열립니다.